# 吉原花街裏圖解

## 花魁、遊女、極樂夜，江戸遊廓風流史

永井義男——著
吳亭儀——譯

# 前言

如果現在走到大街上，對日本人實施一項問卷調查，詢問他們「如果可以穿越時空回到江戶時代，你最想去的地方是哪裡？」，相信不分年齡、性別，所有人的第一個答案，應該都是「吉原」吧！

江戶吉原遊廓有名的程度，就是如此驚人。而且吉原不只名氣大，人氣也相當高。

在年輕女性當中，自稱「吉原粉」的人並不少見。有些人非但不諱言對遊廓（遊郭）文化的喜愛，甚至主張「以前的遊廓有感情，跟今天的風俗店不同」。

然而，若詢問這些女性：「你是否同意修改賣春防止法，將賣春視為女性的職業之一？」狀況就會立刻急轉直下。

只要一提到賣春，幾乎所有女性都持激烈的反對意見。其中也不乏臉冒青筋、激動地說出「賣春使女性成為性奴隸」這句話的人。

從這件事情可以看出，現代女性反對賣春的比例幾乎是百分之百，而大部分的男性也持反對意見，特別是年輕一代的人。

但是，這個現象其實相當不可思議。

現代人反對賣春，卻不反對江戶時代的賣春？更露骨地說，吉原其實就是風化區，而遊女就是賣春的妓女。

描繪吉原和遊女的華麗錦繪（浮世繪木版畫），可能是造成這個詭異現象的原因之一。

雖然實際接觸過錦繪並欣賞過實品的人並不多，但坊間出版了許多與浮世繪相關的書籍與特刊，內容不僅刊載了錦繪畫作，也附有解說文字。結果導致現代人對吉原和遊女的印象皆建構於錦繪之上，相信這樣的說法並無不妥。

不過如此一來，卻忽略了——錦繪是江戶後期才發展出來的繪畫藝術形式，那些描繪太夫的錦繪其實並不寫實，充其量只是想像的產物罷了。至於相關情形如何，且留待本文再敘。

就錦繪來說，只要將當時的繪畫主題粗略分類，就會發現錦繪的題材大多以描繪光明面（晴、非日常）為主，也就是說，不會特別去描繪吉原和遊女的陰暗面（褻、日常）。我們甚至可以這麼說：「陰暗面不配成為錦繪的題材。」

當然，沒有人能一口咬定錦繪全然虛假。但是不可諱言的，錦繪當中所描繪的吉原和遊女，僅止於光鮮亮麗的一面。

那麼，吉原和遊女實際存在的世界，其真實樣貌究竟為何？

本書將以吉原的「褻」為中心，一步步揭開吉原和遊女的神祕面紗。

換句話說，就是揭露「裏吉原」的祕辛。

＊＊＊

為此，本書將採用許多戲作（當時的通俗小說）中的插畫作為參考資料。當然，這並不代表其所描繪的內容必定為真，只是繪師在描繪插畫時，大多以同一時代的世態景況為題材，因此更能貼近當代的風俗民情。

本書所引用之江戶時代的文獻，大致可以分為虛構與非虛構作品這兩種形式。

而江戶時代的虛構作品又有洒落本、滑稽本、人情本和浮世草子等不同形式，分類相當複雜。因此本書只以「戲作」和「春本[1]」大致分類這些參考書籍，並將分類標示於所有引用的書名之前。

另外，為了方便閱讀，所有引用的日文字將以現代假名用法來標記外，日文漢字也會全部改為現行的日本新字。除了修正所有的借字[2]，部分平假名亦會改為和字記。對話的內容則會標上引號（即「」）。

隨筆、隨想、日記和見聞錄等非虛構作品，則僅標示書名。日文假名的用法原則上以原文為主，日文漢字一樣全部改為日本新字。

1——即色情文學

2——指無視字原本的用法，借用來替代標示的漢字之文字

# 目次

## 第三章　遊女的命運



## 第四章　遊女的工作

## 第五章　吉原的生活



## 第六章　吉原以外江戶幕府認可的遊廓

# 第一章 幻想中的吉原

# 幻想中的太夫

對大多數人來說，一提到吉原，第一個浮現的名詞應該就是「太夫」吧！

太夫（たゆう），是吉原遊廓最高等級的遊女才能取得的稱號。

在許多文學作品當中，太夫不僅擁有豔冠群芳的容貌，還具備知性與教養，甚至在性方面也擁有相當卓越的技巧。

再者，太夫的「架子」不小，她們並不是只要有權有錢，就能呼之即來揮之即去的對象。不管客人是地方的大名（諸侯領主），還是揮金如土的豪商，倘若態度太過傲慢，不討太夫歡心，就有吃閉門羹的可能。我們可以在許多相關書籍中，找到上述的形象。

在所有的太夫當中，最有名的一位當屬三浦屋的高尾太夫。

在圖1當中，即明確寫上了「三浦屋高尾」的字樣。

三浦屋是吉原內屈指可數的一流妓樓，而「高尾」（たかお）就是三浦屋代代繼承的太夫稱號。據說高尾太夫沿襲了七代，另有一說沿襲至十一代。圖1的高尾太夫是哪一代沒有相關的明確記載。

圖 1《古代江戶繪集》國會圖書館館藏

無論如何，任何人看到圖1這張高尾太夫，

「果然，太夫就是有氣勢啊！」

第一個反應可能都是如此，於是書中所描述的太夫形象，或許就此逐漸深植腦海。

豪華絢爛此一詞彙，更彷彿是為了太夫而生。

不過話說回來，太夫的稱號被廢除於寶曆年間（約莫一七五一～一七六四年間），在此之前遊女的階級制度相當複雜，大致可以分為下列七個等級：

太夫—太夫格子—三茶—梅茶—五寸局—三寸局—並局

到了寶曆年間，這樣的制度被廢止並簡化為兩個等級：

花魁（上級遊女）—新造（下級遊女）

在《後昔物語》（手柄岡持著）一書中，記載了作者年少時代的見聞。根據書中敘述，寶曆元年（一七五一），吉原的玉屋有一位名為花紫（はなむらさき）的太夫，然而——

據我所知，太夫僅此一人，其後再無太夫。

——由此可見，玉屋的花紫應是最後一位太夫。

另一方面，極盡奢靡排場的三浦屋，也曾經出現在《新吉原細見記考》一書內——

說到這個三浦四郎左衛門，原先就是廓中的一大勢力，陸續培養出高尾、薄雲等知名太夫，旗下名妓輩出，實可稱為花街一大名家。三浦屋開業於元吉原開基元年，也就是元和四年，一直營業到寶曆六年，歷時一百三十九年，從此不復存在。

——書中如此記載。三浦屋自元和四年（一六一八）於元吉原開業以來，坐擁高尾、薄雲（うすぐも）等名妓，一百三十九年來顧客絡繹不絕，是妓樓中的名門。然而這樣的三浦屋，終究也於寶曆六年（一七五六年）畫下句點。

時至今日，登場於時代小說中的吉原，或是以吉原為背景舞台的時代劇及電影，都已經是田沼意次當上老中那一年，即安永元年（一七七二）之後的事了。

這也代表出現在時代小說和時代劇當中的吉原，那時其實已經不存在太夫這個稱號了。如果在這些故事當中仍有太夫登場，那就是時代考證上的錯誤。

好了，話題回到圖1的繪師歌川豐國上。請留意豐國雖多達四代，但這裡提到的繪師皆指涉豐國初代。不過即使是二代以後的豐國，也不會影響到接下來的結論。

豐國生於明和六年（一七六九），死於文政八年（一八二五）。因此，在豐國出生之前，太夫稱號早已被廢止了。

所以就豐國本身來說，既沒有親眼見過太夫，更不可能有跟太夫遊樂的經驗。這令人不禁疑問，豐國究竟是根據什麼來描繪三浦屋的高尾太夫？當時可是沒有照片，更不存在任何影像紀錄的時代。

豐國這名繪師活躍於寬政到文化·文政這段時期，他應該是以當代全盛時期的花魁為範本，再加上個人想像來描繪高尾太夫的吧。

「聽說過去的太夫相當講究排場，相信她們的衣著裝飾一定比現在的花魁更加華麗。」

豐國可能如是想像著太夫，就此揮毫落紙。

話說回來，實際上的太夫究竟是什麼模樣？

在圖2當中，可以看到「太夫道中」這幾個字。這幅畫描繪了應客人之邀前往揚屋赴約的太夫，從揚屋返回妓樓的一景——

她結束揚屋的午後之約，整裝回程途中，兩位禿並排先行，像背行李一般將三味線扛在肩上；她的身影點亮了路途，偶遇知人也不搭話，挺高纏繞著腰帶的胸膛，踩著堅定的步伐，她靜若安然、蓮步輕移，那步行的姿態，宛若機關人偶。

圖 2《傾城色三味線》（江島其磧著，元祿十四年）國會圖書館館藏

——根據敘述，那兩位將三味線背在肩上的女孩是「禿」（見習遊女），步行於後的正是太夫。最後一位雙手垂在身前的女子，則是負責監督的遣手婆。

午後，太夫前往揚屋接客之後，帶著隨行的禿和遣手婆返回妓樓。圖2描繪的正是途中一景。

關於揚屋的功能和運作方式，以及禿和遣手婆的說明將於後續章節詳述。

由於收錄圖2的戲作《傾城色三味線》刊行於元祿十四年（一七〇一），正是太夫仍然存在的時代。這也代表該畫作的繪師曾經目睹過真正的太夫，也就是說，他的作畫並非僅靠想像。

不過從圖2看來，太夫出場的裝束，該說它樸素還是簡樸呢？

畫中人同為太夫，圖1和圖2所描繪的形象竟有如此落差，原因究竟為何？

一般來說，若人民身處和平的社會，那麼食衣住等日常生活水準，都會隨時間逐漸獲得改善。因此，圖2和圖1之間的差距，恐怕就存在於百年以上的時間。

雖然當時事物變化的速度沒有現在這麼快，然江戶時代確實持續了相當長的一段太平盛世。和平社會發展了百年之後，想必食衣住等日常生活水準都會向上提升許多。

相較於圖2所描繪的時代（元祿時期），圖1描繪的（寬政至文化・文政時期），其社會繁榮奢華的程度，已然遠遠超越圖2許多。

總結來說——

圖2的太夫形象來自於親眼見過太夫的繪師，幾近真實樣貌；圖1的太夫則是在圖2數百年之後，繪師僅依個人想像繪製而成的虛像。

不只是圖1，後世所描繪之太夫形象，衣著亦愈見豪奢。人們總是透過自身時代的花魁之姿，去想像並描繪存在於過去的太夫。

另外一個理由，則可歸因於出版文化的發展。

江戶初期都是墨一色（只有黑色）的浮世繪，在江戶後期逐漸發展為多色印刷的錦繪。事實上，圖1這幅錦繪正是一幅多色印刷的作品。而圖2是較為初期的墨一色。

這麼說來，太夫儼然是在自身已經不存在的時代，被不曾見過的人們，以極為鮮豔的色彩，描繪成一幅幅錦繪。

「過去的太夫真的好有氣勢。」

也因此建構了此一太夫形象。

然而實際上的太夫，應該近似於圖2所呈現的樣貌。

即便是江戶時期的人們，也誇大評價了太夫的形象。到了江戶時代後期，太夫儼然更成為了傳說中的存在。

關於太夫稱號被廢止的時代背景，將於後續章節再述。

## 元吉原的真實樣貌

吉原於元和四年（一六一八，二代將軍秀忠在位之時）開始營業，並於昭和三十三年（一九五八）吹熄燈號。遊廓的歷史實際存續了三百四十年之久。

在這歷史長河之中，吉原曾經一度更改所在地址。

元和四年開業之時，遊廓起先的座落地點，其實位於現今的東京中央區日本橋人形町附近。

一聽到中央區日本橋人形町，一般人可能直覺想到「咦，那遊廓不就在江戶的正中央？……」，然而那是以現代地理位置來感覺的結果。

當時，遊廓的所在地在海岸附近，是一塊蒹葭（即蘆葦）蒼蒼的溼地，可謂一片偏僻的荒原。有一說認為這就是吉原名稱的由來[3]。

當時的江戶仍是一個占地不大的城市，吉原開設之時，正坐落於城外的偏僻之處。然後約莫四十年後，幕府命令吉原搬遷，當時指定的搬遷地點是淺草寺後方，地點一樣相當偏僻的千束村，也就是現在的台東區千束四丁目。

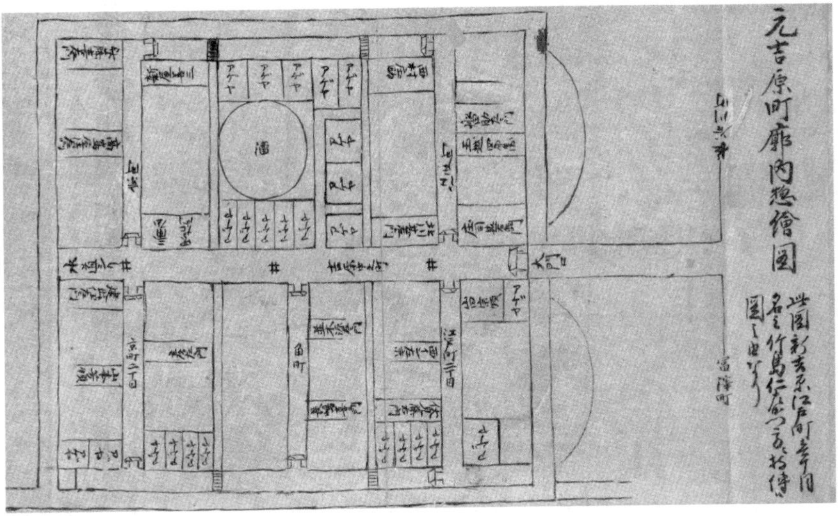


圖 3《吉原考證》（中村 庵編，寫本）國會圖書館館藏

至於搬遷的理由，表面上是因應江戶城擴張而產生的都市計畫，當時咸認在繁華地段設有遊廓，將不利於都市發展。

然而事實上，是因為這處溼地已被民間業者開發完成，發展為相當成熟的市區地段，所以活生生地被幕府奪走了。

雖說如此，吉原遊廓仍然乖乖遷移到偏僻的千束村，並於明曆三年（一六五七）重新開始營業。

也因為如此，一般會將開業當時的吉原稱為元吉原，而遷址之後的吉原被稱為新吉原。但是普遍來說，只要提到吉原，通常都是指涉新吉原。

本書也一樣，僅以元吉原和吉原來區分，除非特殊情況，否則不會使用新吉原這個名詞。在吉原三百四十年的歷史當中，元吉原的時代僅存續四十年左右，並且幾乎沒有留下元吉原相關的歷史資料。

其中最大的原因，應歸咎於明曆大火。發生於明曆三年的這場大火，不僅讓江戶城的本城慘遭祝融，也幾乎將整座城市化為灰燼，當然，元吉原亦因此付之一炬，當時的書冊資料，也大多被這場大火燒毀了。

不過，明曆大火並非吉原遷移的主因。早在明曆大火之前，幕府就已頒布了吉原遷徙的命令。

順帶一提，若日本政府在未來針對日本橋人形町一帶再次進行大規模開發，或許可以挖掘出元吉原的遺址及殘跡。

圖3是元吉原的市街樣貌圖。這是現存唯一一幅描繪元吉原樣貌的史料，收錄在《吾妻物語》當中。這本見聞錄出版於寬永十九年（一六四二，德川第三代將軍家光在位之時），當時正是元吉原的時代。

圖4和圖5也都是《吾妻物語》一書中收錄的插畫，是繪師根據元吉原的所見所聞描繪而成。這也證明這兩張插圖，並非來自於後世繪師的憑空想像。

看到這些插圖，第一個浮現的想法，應該都是「遊女的生活看起來相當簡單樸素」吧。

在圖4當中，描繪了禿、太夫、遣手婆、看熱鬧的路人、地方鄉民和東男[4]等人的市井樣貌。

圖 4《吾妻物語》（寫本）國會圖書館館藏

圖5則是宴席場合，除了描繪東男、禿和遣手婆的席上姿態，還能看到宴席後方的一大批遊女。

元吉原的時代背景是江戶時代初期，而遊廓是繁華的娛樂場所，因此生活在元吉原當中的遊女，以庶民的眼光來看，在食衣住各方面，應該都比一般人來得奢華鋪張。然而，實際的情況卻如圖4和圖5所示，似乎與想像相去甚遠。

由此可知當時人民生活水準低落的程度，社會整體處於貧困狀態。

圖6是風俗考證專書《骨董集》（山東京傳著）中收錄的插畫。《骨董集》雖完稿於文化十年（一八一三），此圖卻是臨摹自萬治二年《私可多咄》一書的插畫。而原圖繪師身處的時代，正是元吉原還在的時代。

同書中，〈舊吉原的雨中景況〉一文提到——

很久很久以前，江戶的遊女居於名為葭原之處。這裡的遊君在遇雨難行之時，讓腰纏轆轤繩的小廝背著來來去去的樣子，令人興味盎然……

根據上述描述，元吉原時代在遇雨之日，遊女若需由妓樓前往揚屋，會讓年輕男僕從背著前往。

此一風俗也顯示了當時樸實的遊女風情。

圖 5《吾妻物語》（寫本）國會圖書館館藏

圖 6《骨董集》（山東京傳著，文化十年）國會圖書館館藏

現代人眼中的吉原遊女形象，都來自於浮世繪或錦繪上所描繪的樣貌。由此可知，一般人對吉原風俗的理解，都來自江戶後期的史料。如果習慣了江戶後期那個繁華的吉原風情，應該會驚訝於元吉原時代的質樸樣貌吧。

為了方便參考，圖7列出了吉原三百年間的時間軸：

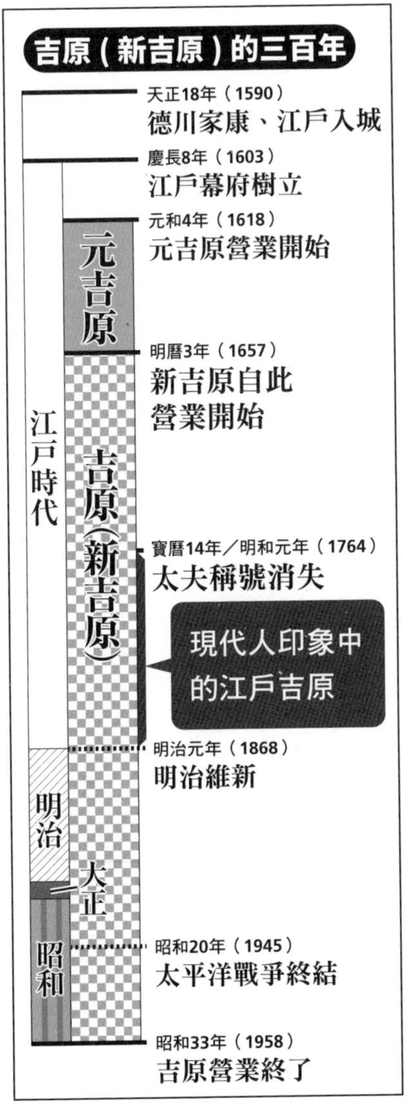


圖 7

《吾妻物語》一書當中，詳列了元吉原當時的遊女人數。

太夫　七十五人
格子　三十一人
端　八百八十一人
合計總共九百八十七人。

另一方面，遷址再開業的吉原（新吉原），其遊女人數記載則可見於戲作《傾城色三味線》（元祿十四年）一書。

太夫　五人
太夫格子　九十九人
三茶　四百九十三人
梅茶　二百八十人
五寸局　四百二十六人
三寸局　四十四人
並局　超過四百人
合計超過一千七百五十人。

吉原遷到千束村之後，不僅遊女的人數增加，階級也開始愈來愈細分化。由此也可以看出吉原在遷移之後，發展得比過去更加繁榮。

最主要的理由在於新吉原開放客人過夜。因為吉原開始可以在夜晚營業，客人也得以一整晚流連於溫柔鄉中。

元吉原時期由於禁止過夜，客人僅能在白天尋歡。即使以現代人的眼光來看，如果一家風俗店只在白天開門，晚上不營業，客人光臨的狀況自然會有所侷限。畢竟，喜歡在夜晚造訪風俗店尋歡的客人壓倒性地多。

遷到千束村之後，吉原遊廓作為江戶唯一一個可以尋歡作樂的風月場所，也開始了前所未有的繁榮盛況。從早到晚都有許多男人聚集在此，特別是夜晚的吉原，更可謂是燈火通明的不夜城。

到了元祿時期（一六八八～一七〇四，五代將軍綱吉在位之時），吉原迎來了前所未有的全盛時期。

然而，即使是全盛期的吉原，也和現代人在時代小說、時代劇或電影裡面看到的吉原有相當程度上的不同，這個部分將於後續章節詳述。

## 揚屋的真實樣態

在描繪吉原的時代小說、時代劇和電影當中，造訪的男客通常會進入妓樓當中，和遊女見面之後，根據狀況或入宴席飲酒作樂，然後共度春宵。

不過，即使只看江戶時代的吉原，在兩百五十年的歷史當中，如上述一般，客人在妓樓尋歡作樂並與遊女共度春宵的運作方式，也是後半期才開始的尋歡模式，歷史僅約百年左右。在前半期大約一百五十年間，客人與遊女娛樂的場所，實際是發生在揚屋之中。

接下來為各位詳述實際的運作方式。

吉原自元和四年（一六一八）開業以來，首先歷經約莫四十年左右的元吉原時代，接下來在明曆三年遷移到千束村，直到寶曆十年（一七六〇）年左右，長達一百五十年的時間，吉原都實施著所謂的揚屋（あげや）制度。

揚屋，是上級遊女和客人遊興作樂的場所。

簡單來說，客人並不會直接進入妓樓，而是到妓樓以外的指定場所尋芳。而這個指定的場所，就是揚屋。遊興地點在妓樓之外的揚屋，就是所謂的揚屋制度。

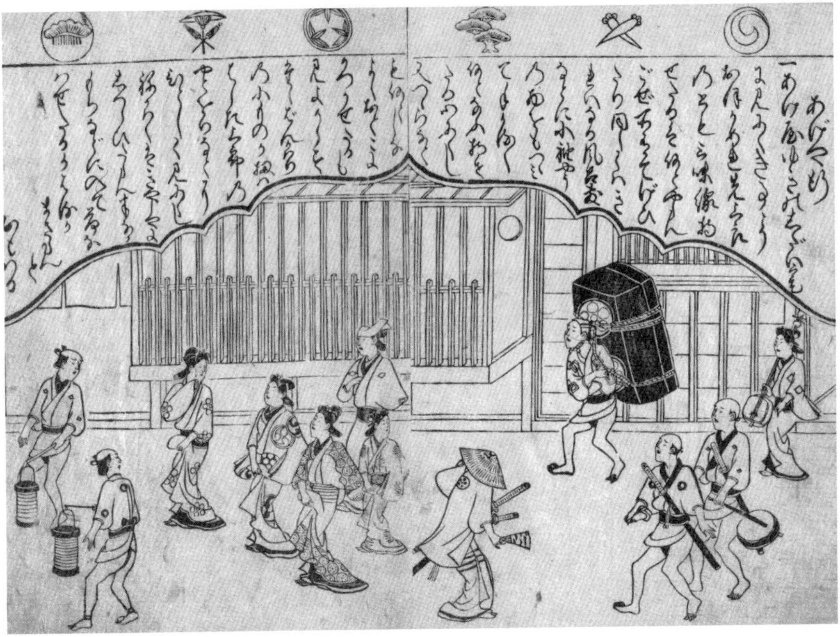

圖 8《吉原戀之道引》（延寶六年）國會圖書館館藏

當然，吉原中到處都是妓樓，但妓樓畢竟是遊女過日常生活的地方。客人若要尋花問柳，首先得到揚屋，再透過妓樓來傳喚遊女。

無論是與遊女會面、飲酒作樂，甚至是共度春宵，一切都在揚屋進行。且能夠使用揚屋的只有太夫、太夫格子等階級較高的遊女，下級遊女只能在妓樓與客人共寢。

圖8的標題是〈揚屋行〉，描繪的正是遊女從妓樓步行到揚屋見客途中之景況。此圖收錄於《吉原戀之道引》，繪師名為菱川師宣，該書刊行於延寶六年（一六七八），此時的吉原仍然實行揚屋制度。

圖9《吉原戀之道引》（延寶六年）國會圖書館館藏

師宣當然也一樣，曾經到過吉原遊樂吧，至少曾經親自踏入吉原，這應該無庸置疑。除了圖8之外，下一張圖9也可看出是繪者本人實地見聞之後，所繪製而成的實際狀況。

圖9描繪的光景是揚屋廚房一隅。廚師正在調理鯛魚，應該是即將端上桌款待客人的料理吧。為了幫客人和遊女擺設酒宴，揚屋的廚房總是相當忙碌，並且大量使用奢侈的食材。

另一方面，因為沒有相關史料的關係，這個時代的妓樓內部真實樣貌依然神祕。但由於妓樓僅供遊女日常生活，加上讓客人進到妓樓同寢的，通常是等級較低的遊女，因此可以判斷妓樓應該是設計簡樸的建築，廚房也應該相對狹窄。

接著，要談到江戶富商紀文（紀伊國屋文左衛門）和奈良茂（奈良屋茂左衛門）那一場被傳奇化的豪遊。

在考證其風俗的書籍《近世奇蹟考》（山東京傳著，文化元年）當中，記載了一段這樣的插曲。

紀文到揚屋「泉屋」尋歡作樂時，在木枡[5]中放滿小粒金子（一分金），然後像撒豆一般地浪擲黃金。

當時的一分金等於四分之一兩。換算為現在的日圓，大約是兩萬五千日圓左右。

另外，在《吉原雜話》當中，可以找到以下這段插曲。

奈良茂帶著友人前往吉原，卻只要對方準備兩箱蕎麥麵作為土產。友人思前想後，認為兩箱實在太少，欲在途中的蕎麥麵店訂購蕎麥麵，可是不管走到哪裡，蕎麥麵都缺貨了。事實是，奈良茂事前不僅買下了吉原所有的蕎麥麵店，連附近所有的蕎麥麵都被奈良茂買斷了。

紀文與奈良茂到吉原豪遊的時代，是吉原仍然實行揚屋制度的時代。兩人豪遊的地

圖 10《好色二代男》（井原西鶴著，貞享元年）國會圖書館館藏

點，正是當時的揚屋。

而圖10描繪的，即為客人至揚屋遊興的光景。戲作《好色二代男》刊行於貞享元年（一六八四），是揚屋制度仍存續的時代。這張插圖由當時的繪師繪製而成，畫中描繪的揚屋與遊女的樣貌，可謂相當寫實。

不過話說回來，這樣的揚屋制度為何被廢止了呢？

針對這個疑問，我們可以試著與現今的風俗產業比較看看。

客人進到妓樓，在裡面與遊女共度春宵——以現在來說，就是有實體店鋪的風俗店。

而另一邊，客人先到揚屋，讓妓樓把遊女送過來接客——則類似現在的外送茶系統。妓樓就像風俗孃的住處兼事務所，揚屋的功能則相當於愛情賓館。

近年來，隨著風俗營業法改訂，日本風俗產業的板塊也開始移動。實體店鋪的數量急速降低；反之，外送茶則是愈來愈受歡迎。因為法律改動的關係，使得實體店面的風俗業種式微，並大多轉為外送茶的形式。

＊＊＊

接下來，把焦點轉回江戶時代，當時吉原發生的狀況則是與上述完全相反。前面的一百五十年以外送茶為主，後半的一百年則盛行實體店面制。也就是說，主要的運作模式由外送茶制轉為實體店面制。

追根究柢，應可歸因於江戶泡沫經濟的破滅。

元祿時期（一六八八～一七〇四）是吉原最為繁榮興盛的一段時期。不僅地方大名等上級武士皆為吉原的入幕之賓，更有紀文和奈良茂這種揮金如土的超級富豪在此浪擲千金。此時的吉原，完全處於泡沫經濟的最頂點。

然而，虛假的繁榮不可能永遠持續，終有迎來破滅的一天。

江戶町一丁目的妓樓．結城屋的樓主曾著書《吉原突然草》（元祿末期至寶永初期），提到吉原的景氣，他如此寫道——

今天看來無事可做，我該去看看眾人的狀況，……

——類似的敘述不僅是元祿泡沫破滅的徵兆，也能看出武士與豪商不再光顧後的冷清景況。

另外，在《御町中御法度御穿鑿遊女諸事出入書留》一書中也提及，正德二年（一七一二）九月，吉原名主[6]聯名上書町奉行所（行政機關）——

新吉原之外衰微之風，誠惶誠恐，實在為難，……

——如上所述，町奉行所曾經收到吉原名主提出的請願文件，根據上述理由，要求取締遊廓附近的岡場所[7]。

正德二年，已經是吉原繁榮泡沫破滅之後的時代了。此時的吉原正苦於來客數大不如前，因此希望町奉行所能夠取締岡場所，也就是跟吉原搶客人的競爭對手。岡場所雖然是不合法的私娼區，卻在遊廓附近公然營業。

到了享保五年（一七二〇）二月，吉原名主甚至向町奉行所哭訴妓樓的狀況——

體況崩潰，離去者多，……

——如此這般，吉原面臨妓樓相繼停業的絕境，名主亦不斷提出取締岡場所的訴求。

泡沫經濟破滅之後，吉原便是如此深陷不景氣泥沼的窘境。

雖然吉原妓樓要求幕府透過強制取締的方式來驅逐競爭對手，但町奉行所卻不甚積極。因此，作為起死回生之策，吉原斷然開始實行的，就是簡化吉原的娛樂系統。

也就是說，廢除對客人來說負擔較大的揚屋制度，從類似外送茶的派遣制度，改為直接到妓樓玩樂的實體店面制。

這樣的改制於寶曆年間（一七五一～一七六四）開始實行。大約是九代將軍家重在位末期到十代將軍家治繼位初期，揚屋相繼停業；而最高等級的遊女稱號——太夫，也在此時廢止。

戲作《郭中掃除雜篇》（福輪道人著，安永六年）提到——

此里，過去繁榮盛況不需贅言。二十四、五年前，盡是太夫格子於揚屋盡興遊樂的繁榮景況，二十年後之如今，一晃眼門前冷清，太夫格子亦漸遭冷落，甚至連揚屋都面臨倒閉的命運。

——此「里[8]」指的就是吉原。這本書刊行於安永六年（一七七七），而安永六年的二十五年前，正是寶曆二年。

另外，在《新吉原細見記考》（加藤雀庵著，天保十四年）當中，亦有記述如下——

末代揚屋「尾張屋」於寶曆十年（一七六〇）吹熄燈號。尾張屋於萬治元年（一六五八）開業至今，營業一百一十年之久，在揚屋中是相當知名的老字號。

如此這般，寶曆年間以後，吉原改為實體店面制，客人要找遊女過夜，只要直接到妓樓就行。

另一方面，伴隨著制度的改變，一直以來相當簡樸的妓樓建築形式，也變得愈來愈豪華雄偉。

現代人在浮世繪、錦繪、春宮畫或戲作插圖當中看到的吉原妓樓，其建築樣式與裝飾，都是改制之後的樣貌。

不，或許就連江戶的人們，特別是生活在江戶時代後期的人們，也都忘記過去的吉原曾經有過這樣的揚屋制度了吧！

---

3——「葭」和「吉」日文皆讀為yoshi
4——指關東一帶，粗魯尚武的江戶武士
5——日本的酒盅，計量用的容器
6——負責町行政事務的管理階層
7——沒有獲得幕府批准的私娼區
8——日本區劃土地的單位

第二章

# 大門內的真實樣態

## 大門

第一章敘述了寶曆時期（一七五一～六四）之前吉原的真實狀況，從第二章開始，將揭開寶曆時期以後吉原的神祕面紗。

現代人在時代小說、時代劇及電影當中看到的吉原，其雛形就是寶曆之後的吉原。這也代表現代人對吉原的模糊想像，或說他們腦中對吉原的籠統印象，正是源自於這個時期的吉原。而繁華的吉原舞台背後，又隱藏著什麼樣的光景呢？

圖11是寶曆時期之後的吉原地圖。這樣的配置一直維持到幕末，基本上沒有經歷過太大的改變。

吉原本身被木柵欄和一條水溝包圍著，大門是進出吉原唯一的出入口。

在遊廓外圍挖掘具一定深度的水溝，使大門成為唯一的出入口，這樣的建築構造是參考京都的島原遊廓而來。

圖11不僅描繪出了大門本身，也繪出了從日本堤到大門之間的五十間道。

大門左手邊的建築物稱為面番所，一般由町奉行所派駐的同心[9]或岡引[10]駐守。

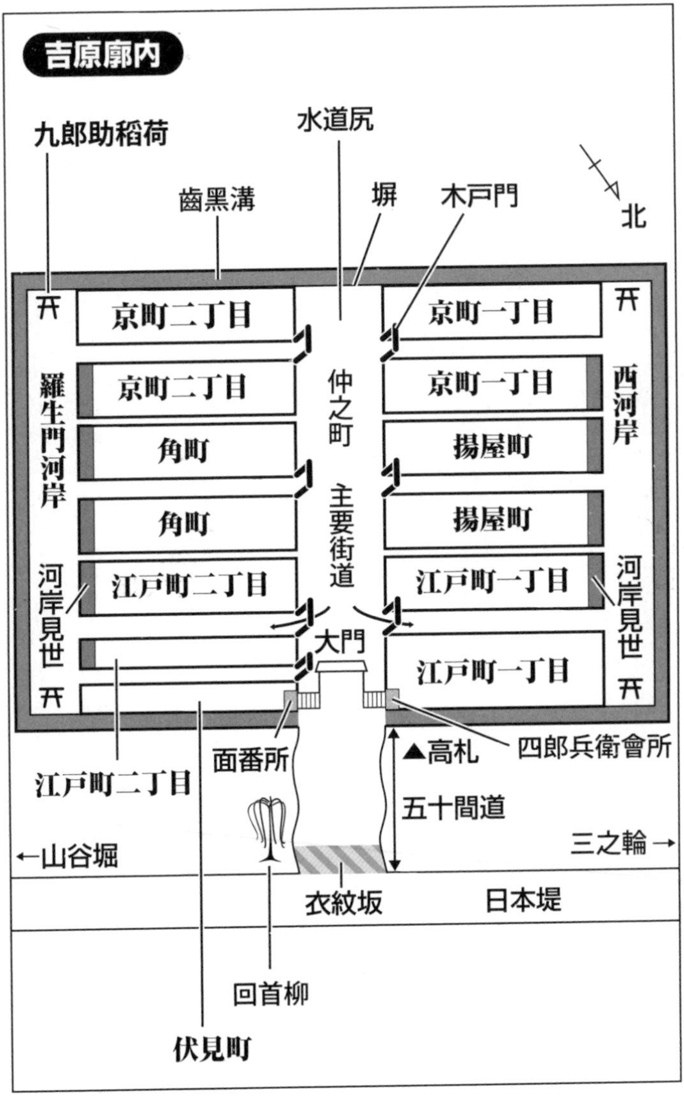


圖 11 寶曆時期後的吉原地圖

面番所雖是町政府設立的轄區派出所[11]，實際上僅以木板屋頂建造而成，是一間規模相當簡單的小屋。

名義上，面番所的功能是用來監視往來人群中是否有逃犯的駐在所，但是找不到相關的史料為證，因此無法確定面番所的實際功能，也沒有駐此官員於面番所發現兇惡歹徒並逮捕歸案的紀錄。

駐守於面番所的同心，他的日常生活恐怕就是享用著妓樓所供應的美酒菜餚，平穩又乏味地度過每一天吧！

對妓樓來說，「平穩又乏味」就是政府官員最理想的特質。

回到圖11，大門右手邊的建築物稱為四郎兵衛會所（吉原會所）。

駐守在四郎兵衛會所當中的「番人」，由吉原所有妓樓偕同雇用，也就是由業者團體一起雇用的男性守門人。這裡的番人以四人為一組，日夜輪班，負責監視出入大門的女性。這是為了防範遊女從大門逃走而安排的措施。

在吉原，男人可以自由進出大門。

但女人就不同了，不管是進來參觀還是做生意，只有進入時可以自由進入，但若想要從大門離開，則必須向四郎兵衛會所的番人出示一種被稱為「切手」的許可證。因此，無論是生意人還是客人，只要是女人，就必須事先到五十間道兩側的引手茶屋或四郎兵衛會所申請「切手」才行。

舉例來說，侍奉於武士家族的奧女中[12]偕伴共六人，跟著中間[13]一起進入吉原參觀時，切手上的文字將記載為：

御女中　六人

如此這般，透過切手連人數都確實逐一記錄，以達到管理進出的目的。

另一方面，若居住於吉原內的藝妓或料理屋的女中有外出的需求，則需事先向隸屬於番屋或代理役所的茶屋申請切手。

戲作《後編吉原談語》（桃園舍犬雉著，出版於文化九年左右）一書當中，就能找到吉原大門相關的描寫。在該場景當中，隨興進入吉原參觀的一對老夫婦與女兒，離開時因為沒有切手而被守門人阻止——

番人一：「沒有切手，一輩子都不能踏出吉原一步。而且搞不清楚狀況就進到吉原，實在太不像話了。」

老翁：「小兄弟啊，吾等不知切手一事，只是從觀音廟那兒聽聞，來看看這是什麼地方，確實沒有藉口。求您慈悲，行行好幫個忙吧！」

圖 12《想合對菅笠》（尾上梅幸著，文政十年）國會圖書館館藏

老嫗：「就是因為這樣，我才說不來的啊！老爺子做出這種、不、不應該的事情，說什麼要來看看花街，還裝得一副很懂的樣子，看你害我們落入什麼境地！你看、看看你、你這個滑頭。」

女兒：「竟然說一輩子不能出去，這是多嚇人的事情啊！人們竟如此熱衷此道。前途黯淡哪，如此羞恥之事，母親哪，多麼可悲呦！」

她說著說著，便抽抽噎噎地哭了起來，年長的番人看著可憐，便指引他們：

番人二：「他們看起來就是鄉下來的，雖說是職責，也沒有故意不讓人家出去的道理。你，到那邊的會所幫他們辦張切手來。」

——大致是這樣的一段故事。

因為沒有切手，老嫗和女兒都被番人擋下，無法離開吉原。

這是為了防範遊女透過變裝從大門逃走的措施，然而，番人明明一眼就能看出老嫗和女兒是鄉下人，卻墨守成規不准她們離開，實在是半分壞心眼、半分刻意捉弄。

幸好最終博得一位年長番人的同情，建議她們到四郎兵衛會所申請切手。雖然順序顛倒，但不管先辦還是後辦，都是為了遵守吉原的規矩。

老嫗和女兒雖然遲了申請，仍到四郎兵衛會所取得了通行的切手，提交給番人之後，從大門離開了。箱根關所有著被稱之為「入鐵炮出女[14]」的盤查規定；而吉原的大門，則僅檢查「出女」這一項。

圖12描繪的正是大門前的光景。可以看出人潮熙來攘往、相當熱鬧。左手邊的小門稱為袖門，大門關閉之後，仍可以從此門進出。

接著如圖11所示，只要一踏入大門，就會來到貫穿吉原全區的筆直道路「仲之町」。仲之町雖然名為「町」，卻非一座城市，而是吉原內一條大道的名稱。

在圖12當中，還可窺見大門內座落著兩層樓高的建築物，正是所謂的引手茶屋。

通過大門的人絡繹不絕，在這麼擁擠混亂的狀況下抓出「出女[15]」，就是四郎兵衛會所中番人的職責。

## 張見世

穿過大門來到吉原的男人們，第一個造訪的地方，就是妓樓的張見世。

吉原的妓樓根據規模和高級的程度，分成大見世、中見世、小見世等三種等級，但所有建築物的基本構造均大同小異。

每棟妓樓的門口都有一排面向道路的格子窗屋敷[16]，這個房間被稱為「張見世」（はりみせ），遊女們會在此並排而坐，等待挑選。男人們則會來到張見世，隔著欄杆觀望排排坐在格子窗中的遊女。

這有點類似現在網路上的風俗廣告，透過照片來介紹店內所屬的小姐。直接到店裡消費也一樣，店內櫃台會備有一本小姐的相簿，供上門的客人挑選。換句話說，客人只能透過照片來挑選小姐。不過由於相機數位化，加上電腦的功能日益強大，任何人都能使用電腦，輕鬆修改照片或對照片進行加工，結果造成照片不盡然可靠的現象。

不過這個狀況並不會發生在江戶時代，這時的客人可以親眼確認遊女的容貌和姿態。

圖 13《白浪日記》（東里山人著，文政五年）國會圖書館館藏

圖13所繪即為張見世之光景。立於格子窗前的男人們，正在物色自己感興趣的遊女。男人們隔著格子窗觀望遊女，然後挑選喜歡的對象，這就是所謂的「鑑定[17]」。

戲作《娼妓絹糎》（山東京傳著，寬政三年）活靈活現地描寫了兩名勤番武士[18]在張見世觀望遊女的場景——

甲：「看哪，不管哪一個都如此美豔如花！」

乙：「原來如此，真是賞心悅目。這樣看來，倒是跟過年時進城面見的情景有幾分相似。」

甲：「可不是嗎？中間那位穿戴柏葉紋章的女郎，不是頗為大氣嗎？

看上去有點像金田氏的正妻啊。」

乙：「原來如此。不過，這邊這一位黑衣女郎，也甚是討人喜歡。」

——雖然把張見世以過年登城會見主公的情景來比喻，以兩人藩士的身分來說，似乎稍嫌輕浮，然而字裡行間，完全傳達出兩人興奮不已的情狀。

回到圖13，圖中左手邊掛有門簾之處，就是妓樓的入口。

選好對象的男人，只要跟站在入口附近的妓樓小廝說一聲即可。

「右邊數來第三個，手上拿著菸管那一位。」

如此這般，年輕小廝確認是哪一位遊女之後，便會大聲喊道：

「染野，準備接客～」

他會大聲呼喚遊女的名字，讓遊女知道自己被客人指名了。

之後，客人只要遵守小廝的引導即可。無論是與遊女見面，還是共度春宵，這位年輕的小廝都會為客人安排妥當。

圖14描繪了夜裡張見世的光景。由於繪者是西方人，描繪的筆觸相當寫實。當時因為沒有電，一到晚上，道路就會如這張圖所呈現的，變得一片漆黑。而右手邊掛著門簾的地方，是圖14這家妓樓的入口。

圖 14《幕末日本圖繪》（安貝爾編，一八七〇年）[19] 國際日本文化研究中心藏書

張見世正中央閃耀著白色光芒的物體，是吉原獨特的大行燈。在並排而坐的遊女當中，坐於中座[20]上的遊女，就是這家妓樓的頭牌。遊女們在臉上施以濃厚的白粉，搭配端正華麗的和服，在大行燈的照耀之下，足見遊女們妖冶豔麗的款款風姿。

如果圖13描繪的也是夜晚的場景，那麼實際上應該要跟圖14一樣暗才對。

圖15是夜晚時，張見世內部的情景。中間那個大箱子，就是剛剛提到的大行燈。圖中坐在左下方的遊女正在彈奏三味線，她彈的是被稱為清搔的囃子[21]。清搔是吉原特有的曲調，當遊女們端坐在張見世時，由新造[22]和藝妓負責輪流彈奏。

另外，雖然在圖13和圖14當中，都有許多男人在張見世外觀望遊女，但其實他們大多是只看不買的櫥窗客。

圖 15《通人伊呂波短歌》（芝全交著，天明三年）國會圖書館館藏

由於在吉原買春的價格相當高昂，貧窮庶民來吉原的樂趣，頂多就是到張見世看看遊女，大飽眼福一番。一般庶民買春尋歡的地點，實際上是價格低廉的岡場所。

並且，由於當時的娛樂不多，對男人來說，到吉原參觀也算是一種日常娛樂。他們在吉原到處閒晃，隔著格子窗觀望張見世內的遊女，然後交頭接耳地評論容貌姿色，可謂一大享受。

明治時代以後，雖然吉原仍持續營業，但是把女性當成商品一樣，放在牢籠裡面供人觀賞的張見世文化，卻因侵犯人權而飽受社會輿論批判，最終於大正五年（一九一六）廢止。

由於當時正值寫真照片開始普及的年代，妓樓也就順理成章地以遊女的黑白照片，來取代過往的張見世。

當時的照片跟現在不同，因為無法輕鬆修改和加工的關係，攝影師的技術顯得異常重要。他們會精算拍攝的角度和光線，捕捉遊女最具豔麗風情的一刻。

結果，不滿「照片跟本人不是同一個人」而來投訴的客人，似乎反而愈來愈多。

圖 16《魁浪花梅枝》（東里山人著，文化十四年）國會圖書館館藏

# 妓樓的入口

吉原的妓樓皆為雙層建築，二樓是遊女招待顧客的空間。因為遊女的房間位於二樓，所以不管是和客人見面、開設酒宴或提供性服務，都在這裡進行。

一樓則是奉公人[23]工作和日常生活的場域。

在圖16這張畫作當中，描繪了妓樓內部的樣貌。右手邊是掛著門簾的妓樓入口，一掀開門簾，第一個來到的地方是土間[24]。

如果剛好有客人要離開，遊女就會來到此處送客，一邊叮囑著「要再來喔」，一邊目送客人離去。

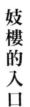

圖 17《昔唄花街始》（式亭三馬著）國會圖書館館藏

圖中站在土間彎著腰的那一位，是在妓樓工作的年輕小廝。他會將客人的鞋履排列放置好，當客人進出時，便會殷勤地招呼客人：

「好的，這是您的鞋，請務必再次光臨本店。」

任何人看到圖16時，第一個注意到的怪異之處，應該都是通往二樓的樓梯吧。它建造的位置，正好對著入口的相反方向。

這並不是繪師有哪裡畫錯了，而是所有吉原妓樓的共通點。

在圖17當中，也可以很清楚地看到，樓梯的方向並沒有正對著大門口。

但是，為何妓樓建造樓梯的方式如此奇特呢？

恐怕是因為平常都待在一樓內所的樓主，不希望被上下樓梯的人看個精光吧！樓主通常會一直坐鎮於內所當中，關注著妓樓內客人和奉公人的一舉一動。

圖17是從妓樓內側往入口望過去的景象。入口處掛著染有三浦屋等字樣的門簾。一走進入口便會來到土間，從這張圖可以看出，土間可直接通往廚房。

客人掀開門簾來到土間之後，因為旁邊就是廚房的關係，所以一眼就能看到在此勞動的料理人和下女[25]的辛勤身影。

用現代的風俗店來比喻，大概就是這樣的狀況：一走進入口，旁邊就是廚房，因為廚師正在料理的關係，熱騰騰的蒸氣和濃濃的食物香氣立刻撲面而來。讓客人看到準備食物這種後台的場景，對現代人來說是相當不可思議的一件事情。

但是在江戶時代的吉原，這就是所有妓樓的共通構造。不僅廚房設置在一樓，料理時的情況還會被一進門的顧客看光光。

如果是規模較大、等級較高的大見世，樓內遊女和負責各種工作的奉公人加起來，人數可能高達數百人。雖說樓內伙食並不需要準備多精緻的配菜，但光是要餵飽這麼多人，料理的份量就相當龐大。除此之外，還要準備出菜給客人，為客人熱酒等等。

因此妓樓的廚房實是分秒必爭的地方，忙碌程度可見一斑。而進出妓樓的客人看到的，就是這樣一幅忙碌又混亂的景象。

不過，如果是宴席當中的豪華料理，通常是跟名為「台屋」的仕出料理屋[26]點菜，再請他們送過來。

圖18所描繪的，就是賣魚行商來到妓樓入口的土間兜售鮮魚時，當值的廚師正在挑選鮮魚的光景。這也是客人進出妓樓時，有可能親眼目睹的日常瑣事之一。

在圖18的右手邊，可以看到結髮師正在為一名禿整理頭髮。禿的結髮師是由男性擔任。而上方捲起的那塊布，正是掛在入口的門廉。

戲作《錦之裏》（山東京傳著，寬政三年）一書中，曾經寫到圖18裡頭出現的魚販與上料理番[27]文介，在買賣魚貨時的交談內容。另外還有樓主喜左衛門，以及下料理番[28]源七，他們雖然沒有被畫入圖18當中，但其實也是同一個場景的人物——

魚販：「來來來，你們看看，多好的一隻鯵魚啊！只有在生麥才能抓到這麼大隻的魚。」

喜左：「文介，拿這隻魚來煮湯好嗎？」

文介：「好，這些生貝都是女貝吧。還有這條魚，真是條不錯的地鮃啊。」

魚販：「我的魚可都是好貨！」

源七：「老爺，也買一些海參吧。」

圖 18《錦之裏》（山東京傳著，寬政三年）國會圖書館館藏

魚販：「這可是榎堂的海參。」

文介：「還要明蝦，麻煩再多給一點。」

喜左：「為什麼明明有這麼多魚賣，還那麼貴啊？」

魚販：「因為捕魚淡季剛過，價格實在低不下來啊。」

——當時的魚販會因為受到淡季缺貨影響而提高價格，這段敘述為該說法提供了相當有力的證據。「生麥」指的是今天的神奈川縣橫濱市鶴見區；「女貝」是鮑魚的一種；而「榎堂」指的則是今天的神奈川縣橫須賀市。

從這段敘述當中，也能看出該魚販販賣的海產是從三浦半島的海上運到江戶的。

當負責料理的文介和源七在進貨海產時，樓主的喜左衛門卻在此露面，可以看出他的監視意圖；這也顯示樓主之所以時時盯梢，處處警戒，就是希望避免當值的兩人虛報金額，侵吞妓樓的錢財。

## 坐鎮內所的管理人

吉原的妓樓皆為雙層建築，所有空間都圍繞著中庭建造，如圖19所示。而這樣的構造並不是為了造型好看才設計的。

妓樓雖然是宏偉氣派的建築物，但當時因沒有電的關係，除了面向外窗的房間，其他偏內側的空間就連白天都很昏暗。因此，為了盡可能讓多數房間都能採光，而採取了圍繞中庭的建築設計。

其中樓主居住的地方，

圖 19《伊達摸模紅衣襠衣》（橋本德瓶著，文化十二年）國會圖書館館藏

圖 20《繪本時世粧》（享和二年）國會圖書館館藏

稱為內所（也稱為內證），位於建築物的一樓。

圖20是樓主妻子坐鎮內所時，另一位女子幫她揉肩膀的畫面。因為內所絕不能唱空城的關係，因此，當樓主偶爾外出不在妓樓時，內所就由他的妻子來坐鎮。

如圖20所示，內所可以看到一樓所有的房間。

樓主坐鎮於內所當中，除了得以留意遊女和奉公人的一舉一動之外，也能看見客人的進出狀況。

圖21描繪的是內所裡的樣貌。在樓主背後的棚架上，祭拜著一根勃起的陰莖。這是民間信仰當中的「金精神」，可謂妓樓的守護神。

圖 21《尾上松綠百物語》（尾上菊五郎著，文政九年）
國會圖書館館藏

金精神由形狀近似男性生殖器官的自然石、石頭或木材所製成，是一種以男根為祭拜對象的民間信仰。為了祈求生意興隆，妓樓、藝妓置屋和料理屋等商家，都會祀奉以張子[29]製作的金精神。

妓樓當中除了樓主夫婦之外，遊女、奉公人等工作者也會一起雙手合十，向金精神祈求生意興旺。

順帶一提，在《譚海》（津村淙庵著，寬政七年）一書中，可以讀到以下這段故事。

吉元大文字屋的樓主市兵衛，在安永七年（一七七八）的冬天，為了購入位於神田岩槻町、價值兩千兩百兩的宅邸，事先預付訂金兩百兩。

但是當賣方向名主遞出申請狀時，卻被名主以「土地不得賣給樓主」為由駁回。賣方不得已，只好向市兵衛提出合約作廢的請求。

市兵衛當然無法接受，並因此向町奉行所告發名主的不當行為。

然而事與願違，町奉行所最終裁決，由於女郎屋（妓樓）樓主屬賤業，如此低賤的身分竟妄想購買江戶城附近的土地，真是「不恰當至極」。

吉原樓主公然於江戶市中置產，在當時是不被允許的。因為社會地位相當低下的關係，樓主通常被蔑稱為忘八者。所謂的忘八，指的是忘卻「仁、義、禮、智、忠、信、孝、悌」這為人八德的人，意指非人之人，不被社會所見容。

儘管在《世事見聞錄》（武陽隱士著，文化十三年）一書的字裡行間，流露出對遊女遭遇的同情，但只要一提到樓主——

> 那些被稱為忘八的賣春業，沒有不被憎恨的道理。既違背天道亦違背人道，甚至不可被稱之為人。簡直是畜生，多麼令人憎惡！

——如上所述，作者雖憐憫遊女，卻以相當強烈的口吻痛罵樓主。一般認為，作者武陽隱士是一名旗本[30]。因此，不能忽略他對階級身分具備強烈意識此一重要背景。

如此這般，雖說樓主是飽受社會鄙視的存在，實際上還是有許多人會到樓主經營的妓樓玩樂。至少對妓樓來說，樓主是絕對必要的存在。

樓主雖被稱為忘八，社會地位非常低下，但在吉原，若他經營的是被稱為大見世的大規模妓樓，對樓內的遊女和奉公人來說，卻也是一個家庭的大家長。再加上日日夜夜有許多顧客進出這個大家庭，因此經常會發生各式各樣的糾紛。

如果樓主沒有具備相應的經營手腕和管理能力，妓樓是不可能順利經營下去的。

另一方面，樓主當中也不乏具備良好教養的人。

「大文字屋」是位於京町一丁目的大見世。經營大文字屋的第二代樓主相當擅長狂歌[31]，他的狂名是加保茶元成，不僅負責指導吟詠狂歌的吉原連[32]，還曾經跟四方赤良（大田南畝）交流過。

《吾妻曲狂歌文庫》（宿屋飯盛編，天明六年）一書中，便收錄了一首大文字屋的遊女旗卷所作的狂歌，內容如下：

天の戸もしばしなあけそきぬきぬのこのあかつきをとこやみにして

天岩戶似曾短暫開啟，
絲綢般的一縷拂曉之光——
化為床第間永恆的闃黑。[33]

「天の戸」指的是「天岩戶[34]」。日文的「とこやみ」則可聯想到「常闇」和「床第」，有雙關之意[35]，是一首相當符合遊女心境的狂歌。旗卷創作狂歌的文采，或許就是受到樓主的影響。

＊＊＊

另一間位於江戶町一丁目的大見世「扇屋」，其樓主是一位俳名墨河的俳人[36]，據說他與山東京傳相當親近。

根據《蜘蛛糸卷》（山東京山著）的記載，天明時期（一七八一～八九）是扇屋的全盛期，妓樓上下所有遊女和各種奉公人加起來，總人數高達百人之多，而且所有人都以扇屋為居所。足證俳人墨河不僅擅長吟詠俳句，同時也是經營手腕相當高超的妓樓主人。

一般認為《江戶性愛術》（寶曆九年）一書的作者，是在四國道後溫泉經營女郎屋的一位樓主，根據樓主書中心得——

生意興隆之首要，在於傾所能取悅男人，使之無上喜悅。然根本在於，身心交融，勤學交媾技巧，使具備令人銷魂之持久之身。

——如上述記載，女郎屋提供的服務，就是在性方面滿足男人，讓他們得到至高無上的喜悅。為此，遊女必須從頭學習並熟練與性相關的各種花招技巧，務求在床第之間維持令人銷魂的持久之身。

雖然四國的女郎屋無法代表吉原的妓樓，但相信在做生意的基本原則上，應是不謀而合的。

## 花魁的房間與教養

圖22所描繪的是妓樓二樓的樣貌。從這張圖當中，也能看到妓樓內的中庭。

走廊上為數眾多的遊女來來去去，年輕小廝正在接待、引導客人。右手邊的禿似乎遞了一封書信給花魁。還有一個房間正在舉辦酒宴，人們在此飲酒作樂，相當熱鬧。

這就是妓樓喧囂的日常風景。

先前也曾經提到，寶曆時期（一七五一～六四）之後，吉原的遊女大致分為兩個大類，分別是被稱作花魁的上級遊女，以及被稱作新造的下級遊女。用相撲來比喻，大概就是幕內和幕下的差別。正如幕內也分等級一樣，花魁也有階級之分。

雖然都是花魁，待遇卻不盡相同。大致可分為：

| | |
|---|---|
| 呼出晝三（呼出し昼三） | 擁有自己的房間和一間迎賓房 |
| 晝三（昼三） | 擁有自己的房間和一間迎賓房 |
| 座敷持 | 擁有自己的房間和一間迎賓房 |
| 部屋持 | 擁有自己的房間，也在此接待客人 |

圖 22《筆始清書冊史》（文尚堂虎円著，文化十五年）國會圖書館館藏

尤其是最高等級的花魁「呼出晝三」，並不是所有妓樓都有這麼高級的花魁，可謂是相當特別的存在。

呼出晝三的揚代[37]是一兩一分。露骨地說，如果你想和呼出晝三「來一發」，價錢就是一兩一分。當時的一兩一分，換算為現在的價錢，等於要花十萬日圓以上的費用，才能和呼出晝三上一次床。

另一方面，新造或禿這個等級的遊女，一般都是很多人一起睡在大通鋪上，直到晉升到花魁的等級，才能擁有自己的房間。

在圖23當中，可以看到新造和禿來到花魁的房間，正和花魁商

圖 23《女風俗吾妻鑑》（市川三升著，文政八年）國會圖書館館藏

量著什麼。這裡可以很清楚地看到花魁平常居住房間的大致光景。值得注意的是花魁背後的兩個書箱。

右邊書箱上寫著《源氏湖月抄》，左邊則寫著《河海抄》。兩本都是古典文學《源氏物語》的注釋本，可以看出花魁相當愛讀《源氏物語》，也顯示出花魁非比尋常的品味及教養。

另外，可以看到花魁旁邊的牆上還靠著一把琴。當時，庶民階級的女性練習琴藝的樂器，大概就是三味線了。

能夠入手一把琴來練習，除了上級武士之女，大概就是家境富裕的町人[38]之女。由此足見吉原花魁的奢侈排場。

圖 24《青樓美人合姿鏡》（北尾重政著，安永五年）國會圖書館館藏

圖24描繪的是聚集在某位花魁房間內的花魁們，她們正在悠閒地打發休息時間。這個房間後方的遠處，也有兩個書箱。

右邊書箱是《類題和歌集》，左邊則是《古今類句》。

《類題和歌集》是一本以四季、戀愛等主題來分類的和歌（短歌）集。

《古今類句》則是將和歌下句的第一個文字以伊呂波順[39]來分類的和歌索引。

可以看出，居住在這房間的花魁，鐵定是一位和歌愛好者，而且還頗有和歌素養。

由樓主所著的《吉原徒然草》

（元祿末期至寶永初期）一書中，曾提到遊女必須具備的教養——

身為女郎，流暢的文句、讀懂顧客的眼神，是必須具備的首要才能。

在此記載之後，緊接著提到——

再來是彈琴。

然後必須會唱幾首坊間流傳的小歌。

也要會彈三味線。

最後，和歌也要稍有涉獵。

——也就是說，對遊女來說，讀寫、彈琴、小歌（唱流行歌）、三味線、和歌，這幾項技藝是務必習得的。吉原的遊女在還是禿的年紀時就要開始學習，因此所有的人都能讀書寫字。

其中特別勤學的遊女亦會自己讀書精進，不僅能閱讀古書典籍、彈一手好琴，也能吟詠和歌。

不過，因為遊女不被允許離開吉原，所以所有的學習都是聘請一流的師傅到妓樓，進行一對一的個人指導。對傳授技藝的師父來說，吉原的花魁是自己的弟子，也是相當值得誇耀的一件事。

吉原的花魁因為受過廣泛的教育，她們的地位遠遠高於在宿場[40]和岡場所接客的遊女。

在《里之卷評[41]》（平賀源內著，安永三年）一書中，寫著吉原遊女為何優於其他私娼區遊女的原因——

從年幼時期的教育開始，坐立舉止妝髮容貌，就是她們心裡最重視的第一氣取；在還是禿的時候，就跟在姊女郎身邊學習……（中略）……與免許的遊所和岡場所當中的遊女相比，在氣勢上亦可謂雲泥之別。

——根據敘述，吉原妓樓的女孩從禿的時期開始接受遊女教育。這裡的「氣取」指的是心性，「姊女郎」（姉女郎）指的是禿侍奉的花魁，而「免許的遊所」，就是幕府認可的遊廓。

當然，樓主教育遊女並非基於人道主義。樓主的目的，只是希望能盡量提高「遊女」這項商品的價值。

雖說，遊女的人氣並非完全建立在美貌上面。但容姿秀麗的美人一定是男人目光的焦點。只要是男人，大概都希望能跟這樣的女性「睡一次」吧。

然而，無論容貌多麼豔麗動人，如果沒有教養、沒有氣質，見幾次面，客人新鮮感一過之後，馬上就會厭膩了。特別是地位高的武士、豪商和文人這類型的貴賓，這樣的傾向更是強烈。

因此，若想抓住貴客的心，使他們再次成為自己的座上賓，極高的教養對遊女來說是絕對必備的。

## 在二樓小便可以拿來炫耀

「昨天我去二樓小便了耶。」

一聽到江戶時代的男人這麼說，大概就是炫耀「昨天我去吉原尋歡作樂了」的意思。即使是買春尋歡，去便宜的岡場所或宿場買春，跟去高級的吉原，是完全不同的兩回事。

不過話說回來，「去二樓小便」為何代表「去吉原尋歡」？

這是因為當時要在木造建築物的二樓設置廁所是相當困難的事情。並不是因為當時的木工技術不好，而是因為當時還沒有塑膠或金屬製的水管等素材的關係。

雖然當時木造建築的技術已有高度發展，但是因為還沒有這些素材，即使工匠的技術再高也無用武之地。因此，吉原的妓樓雖然是相當豪華奢侈的雙層建築，仍然只有在一樓才設置廁所。

另外，也因為遊女的房間都設置在二樓的關係，不管是和客人飲酒作樂，還是提供性方面的服務等，所有的活動都在二樓進行。結果導致每次想上廁所，都得走過長長的走廊、下樓梯之後，才有辦法解放。妓樓建造得如此宏偉，卻中看不中用，只是想去上

圖 25《市川三升円》（岸田杜芳著，天明二年）國會圖書館館藏

個廁所，竟然如此麻煩。

尤其對遊女來說更不友善。遊女和客人上床之後，一定要上個廁所，然後到澡堂用盥洗盆裝熱水清洗私處。大概就像現代人上完廁所之後，需要用免治馬桶的自動清洗功能一樣吧。

然而澡堂也和廁所一樣，只設置於一樓。遊女有時會連續接待好幾位客人，因此每次完事之後，她都必須離開床鋪，到一樓的廁所和澡堂才能清洗。

春本《喜能會之故真通》（葛飾北齋，文化十一年）一書中，描寫了妓樓深夜的情景——

偶爾，耳邊會傳來急急忙忙的腳步聲，應該是剛完事要去小便吧。

——如此這般，遊女在完事之後會到一樓上廁所，這對當時的男人來說，就像常識一般。

在這樣的背景之下，如圖25和圖26所示，吉原妓樓便在二樓設置客人專用的小便池。因為沒有隔間也沒有門，任何人在這邊小便都會被看光。而承接尿的容器，就只是一個木框圍成的空間。周圍無可避免地飄散著一股濃濃的尿騷味。

儘管如此，客人來到妓樓就是要飲酒作樂，所以小便的地方愈近愈好。對男客來說，二樓的小便池是相當方便的設施。

當時作為排汙管的素材，恐怕就是打通竹節的竹子吧。如果是糞便，因為有黏著性的關係，竹筒很快就會堵塞了，但如果只是尿液就沒有這個問題。所以，客人如果要上大號，也一樣只能到一樓的廁所。

雖說如此，可以悠哉地在二樓小便，對當時的人來說可謂具有劃時代的意義了。由於這樣的時代背景，因此當男人說「我在二樓小便」時，就含有到吉原尋歡作樂的意思。

從圖25和圖26當中，也可以看出小便池前還備有專用的木屐。

圖26描繪的，應該是小便池附近的早晨光景吧。昨天用於酒宴的容器，還堆放在小便池旁邊。這張圖呈現的，正是妓樓不為外人知的幕後風景。牆上貼的那張寫著「規定」的紙，內容如下：

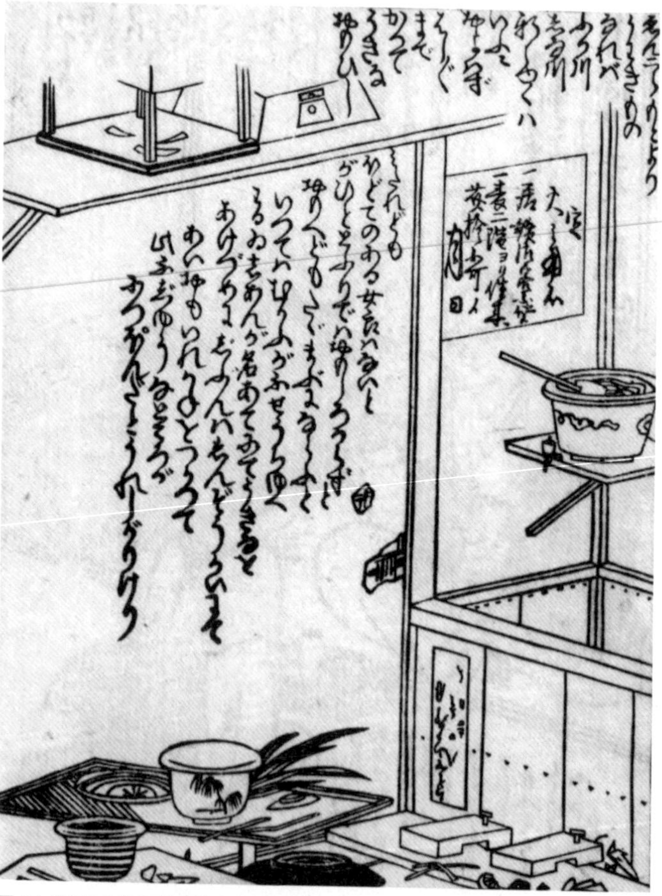

圖 26《江戶生豔氣樺燒》（山東京傳著，天明五年）國會圖書館館藏

小心火燭
客不可久住
往來不可隨意棄置垃圾

可以看出是一張警告標語。

小心火燭是理所當然，但客人不可久住這就是場面話了。最後，不能亂丟二樓房間的垃圾，也是務必遵守的規則。

另外，圖25當中的遊女所穿著的草鞋，是一種吉原獨有、厚度特別厚的草鞋，俗稱「上草履」。遊女在走廊移動時，穿的就是這種上草履。深夜，當走廊響起上草履啪當、啪當的腳步聲，為吉原的夜晚平添一股特殊的風情。

即便如此，如圖25所示，因為小便池沒有門，如果你在二樓小便，妓樓裡的男女可是就在你背後來來去去。現代人應該無法在這個小便池放鬆，也無法好好上廁所吧。不過這對江戶的男人來說是小事一樁。

在當時，男人站著小便是再理所當然不過的事。從小開始，他們就在許多人來來去去的街道旁，面對著木製圍欄站著小便。另外，對當時的女人來說，看到站著小便的男人也不是什麼大不了的事情。不僅如此，除非是武家或大商家的妻女，一般庶民女性即使蹲在路邊尿尿，也是江戶城中見怪不怪的日常光景。

順帶一提，當時的廁所自然是蹲坑式廁所。堆積在糞坑裡面的排泄物，一定需要有人定期負責掏洗清理。

吉原最大的妓樓大見世，不僅住著許多遊女，還有負責各式各樣工作的奉公人，加起來將近百人之多。再加上無論晝夜都有許多客人來訪，因此妓樓的人口密度相當高。這也代表著，妓樓每天都會產生相當大量的排泄物。

跟武家屋敷、商家和裏長屋[42]相比，妓樓的排泄物更為大量，如果不頻繁清理，排泄物馬上就會滿出來。如果排泄物淹得到處都是，再怎麼壯觀華麗的妓樓都會毀於一旦。

因此如圖27所示，每天早上會有一位廁所清潔工來到吉原，負責撈出妓樓廁所裡滿溢的排泄物。他會將撈出來的糞尿運到附近的農村，用於農地的施肥。

廁所清潔工的身影，完全沒有一絲吉原的華麗氛圍。但他們卻是在吉原華麗的舞台背後，默默支持著吉原的重要角色。

戲作《錦之裏》（山東京傳著，寬政三年）當中，描繪了一個遊女早上送客到引手茶屋之後，回到妓樓的場景。遊女一邊踩著上樓的步伐，一邊喃喃自語——

「嗯？掃除來了啊。聞得出來。」

遊女口中的「掃除」，指的就是廁所清潔工。

圖 27《世渡風俗圖會》（清水晴風編）國會圖書館館藏

只要清潔工開始撈取排泄物，妓樓就會瀰漫著一股惡臭。遊女送走的那位客人，差一點點就聞到這股惡臭了。

當時，江戶的人們都相當早起。夜宿於妓樓的客人也一樣，大概在拂曉時分就會離開吉原。

吉原每天都有很多廁所清潔工進進出出，但他們很少出現在客人的面前。這是因為他們會在客人離開之後，才會進入吉原清理排泄物的關係。

## 切見世

吉原是一個長方形的區域，面積大約兩萬八百坪。壯闊又美麗的妓樓皆並排興建於此。

一走進吉原，從大門看過去，右側是西河岸，左側則是羅生門河岸（請參照圖11的地圖），這裡被稱為河岸見世，坐落著許多價格低廉的便宜妓樓。

同樣位於吉原，西河岸和羅生門河岸的狀況，完全是不同的兩個世界。

如此說來，在古典落語當中，有《幾代餅》這樣一則故事，內容提到：

吉原裡有一位幾代太夫，被男子的純情和一心一意所感動，於是決定在年季到期之後嫁給這位男子。而兩人後來一起開店販賣的，就是兩國地區的特產幾代餅。

《墨水消夏錄》（伊東蘭州著，文化二年）一書中，也記載兩國幾代餅是元祿十七年（一七〇四）時，由小松屋喜兵衛所發明——

> 幾代餅的名稱來自於吉原町河岸見世一位名叫做幾代的女郎，將她迎為妻子之後，幾代親自烤餅在店內販售，漸漸地生意愈來愈好，餅也愈來愈有名，……

——從記載當中可以得知，事實上幾代非但不是大夫，還只是河岸見世的低級遊女。

然而，在價格低廉的河岸見世當中，卻還有更便宜的見世存在。那就是被稱為切見世（也被稱為局見世）的低級見世。切見世的揚代，一個時段[43]，約十至十五分鐘）只需百文。

另外，在被稱作岡場所的私娼街，也能找到切見世這種型態的店家。

切見世通常是一層樓的長屋，蓋在狹窄的巷子兩側，綿延著幾間小屋。一間一間的小屋並排在一起，門後是一塊狹窄的土間，後面疊著兩張榻榻米。

從圖28當中，可以看到切見世房間的整體樣貌。兩個結伴的男人看著坐在切見世的遊女，說道——

「鐵砲店的姊姊，長著一張河豚的臉。」

——他們的意思是，遊女帶著毒（性病）。

所謂的鐵砲店，指的就是切見世。切見世的遊女大多感染了梅毒之類的性病，會透過性行為傳染給他人。所以和切見世的女郎性交，就好像被「鐵砲打到一樣」，意指感染性病後的痛苦。

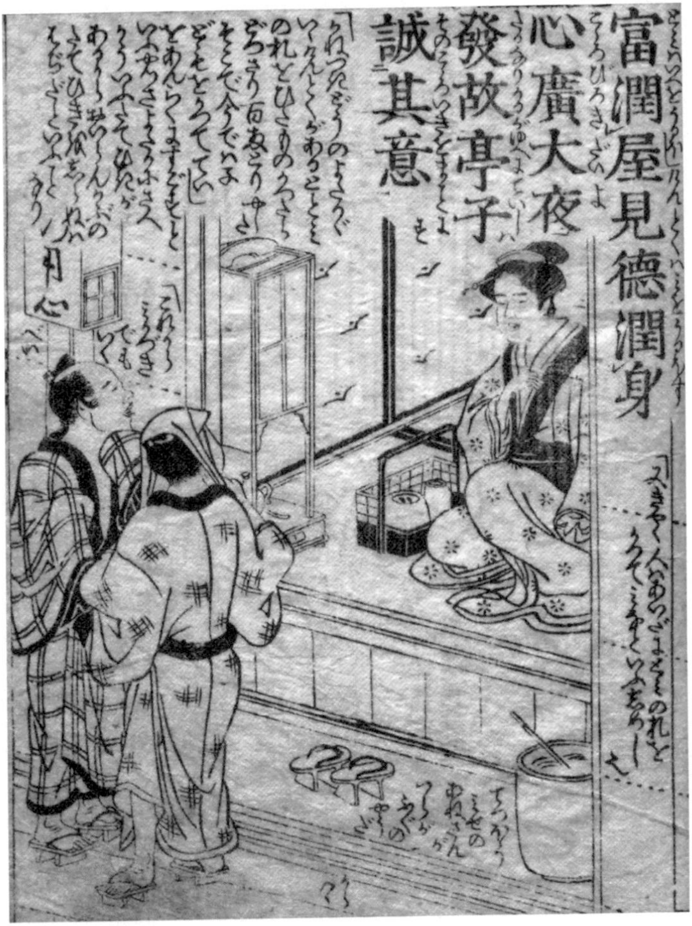


圖 28《玉子的角文字》（芝全交著，江戶中期）國會圖書館館藏

圖 29《其俤錦繪姿》（東里山人著，文政八年）國會圖書館館藏

切見世中的遊女，就如圖28這般，生活起居都在兩張榻榻米的房間當中，同時也在此招待上門的客人。

圖29描繪的則是切見世所在巷道的情景。

在狹窄的小巷當中，擠滿了前來尋芳的男人。很多男人來到吉原，雖然也會到高級妓樓的張見世遊覽一番，但實際上消費的地方卻是切見世。

圖29右手邊，就描繪了兩個結伴的武士。他們可能是沒有錢的下級武士吧，為了維護武士的尊嚴，還用手拭巾遮住臉頰（雖然圖中還是能清楚地看到他們的臉）。

另外值得注意的是站在整張圖中央手持金棒的男子。圖中文字記載他正喊著：

「喂，去旁邊、去旁邊。」

圖 30《江戶久居計》（岳亭春信著，文久元年）國會圖書館館藏

伴隨著揮動金棒的聲響，喀啷、喀啷。

——這個男人是切見世的番人[44]。

「反正一下下而已，馬上就輪到我了」，由於抱著這種想法的男人很多，所以只要是受歡迎的遊女，屋前經常會有一票男人排隊。

但是這麼一來，使得原本已經非常狹窄的巷道更加擁擠，導致巷內水洩不通。因此番人才會手持金棒，藉由敲打出聲響並大吼「不要站在這邊，去別的地方繞繞再回來！」，來將擋路的排隊人潮趕開。

這樣的世界，實在相當駭人。

由於切見世都是長屋建築的關係，因此通常也以「某某長屋」來稱呼。

在圖30當中，這兩個男人經過吉原內一處被稱為稻荷長屋的切見世時，遊女用力抓住了其中一個男人的行李，正在強行拉客——

一進入稻荷長屋，在切見世當中等待客人的女郎，抓住了彌次郎背上的風呂敷包袱。

「什麼？幹嘛？好、好痛苦，放開、快放開啊！」

女「來玩一下嘛，我還開著喔。」

——大致是如此情景。

遊女說的「還開著」，是「我今天還沒接過客人，你是今天的第一個喔」的意思。

是否屬實，便無從考證了。

## 臨時遊廓的繁榮背後

江戶城內因為木造房屋密集擁擠，經常發生火災，而且時不時就會釀成大火。吉原當然也不例外。

根據文獻記載，明和五年（一七六八）到幕末的慶應二年（一八六六）這段時間，吉原被燒毀的次數高達十八次。等於每五年一次，燒毀頻率實在高得驚人。

吉原是獲得幕府認可的合法營業遊廓。因此每次遇到火災，導致建築物燒毀無法營業時，就必須花時間重建妓樓。在這段時間當中，幕府許可遊廓於淺草或深川的料理屋、茶屋、商家或民房臨時營業，這段時間通常會限制在兩百五十天或三百天左右。而吉原臨時營業的地點就是臨時遊廓。

這代表遊女們得以離開被柵欄和溝渠圍繞的千束村之地，來到江戶市區。

由於臨時遊廓的地點在江戶市區，比起原本偏僻的吉原方便許多。而且因為是臨時營業的關係，並不拘泥於傳統的規矩和排場，收取的費用也相對便宜，許多男人也因此感到相當新鮮。

這使得身處臨時遊廓的遊女，除了過去的客人之外，還額外吸引了過去和吉原或花魁無緣的男人，造成客人數量不減反增的結果。因此有些經營不善的妓樓，也因為來到臨時遊廓營業，而得以重振業績。

起初，遊女們對搬到臨時遊廓一事亦相當興奮。在吉原營業時，她們無法踏出大門一步，被迫過著如籠中鳥一般的生活。

但是搬到臨時遊廓以後，反而能到附近的名勝古蹟散心，這讓她們嚐到了前所未有的解放感。但是，這樣的喜悅只在一開始。當相同的狀況維持一段時間之後，愈是高階的遊女就愈無法忍受臨時住所，開始希望能夠早點返回吉原。

因為臨時住所不僅空間狹小，日常用品也需要緊急訂做。跟吉原的妓樓相比，一切都變得非常粗糙，生活空間也過於擁擠。

位階高的遊女比如花魁，她們在妓樓中原本擁有自己的房間，但來到臨時遊廓之後，反而必須跟下級遊女的新造一樣，和他人一起擠在大通鋪裡。花魁的權威和原本享有的一切特權被徹底無視了。

而且因為客人數量增加，遊女不得不大量接客，導致勞動環境變得更加嚴峻。這對遊女來說，等於落入了薄利多銷的窘境。

其中一個例子，是文化九年（一八一二）十一月二十一日，吉原被火災燒毀，致使

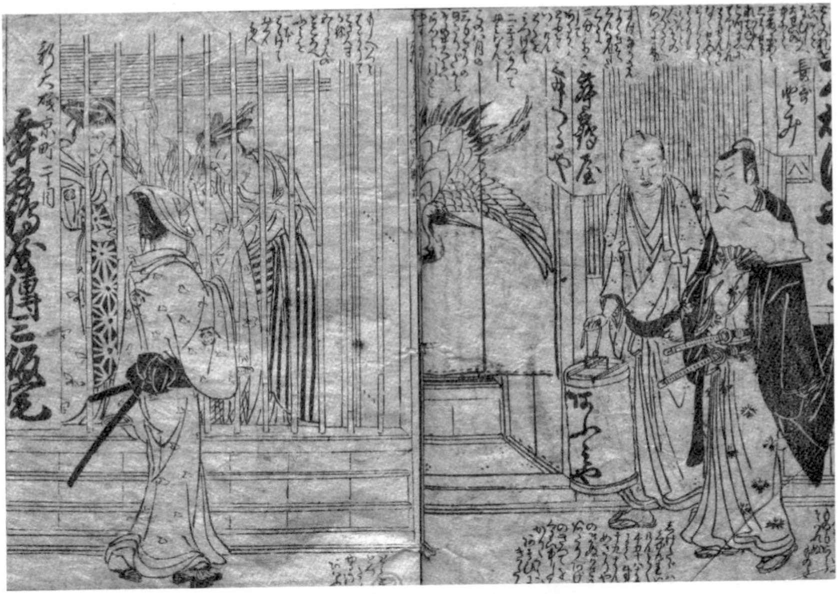

圖 31《御富興行曾我》（山東雞告著，天明六年）國會圖書館館藏

所有人必須搬到淺草和深川的臨時住所。

在這個臨時遊廓當中，根據《街談文文集要》（石塚豊芥子編）一書的記載，有一間在淺草營業的小見世「泉屋」，所屬遊女共十三人，一天就接了九十一個客人。說是「接客」，還不如說「被迫接客」還比較貼切。

另外一家「大文字屋」有一位名為大井的花魁，她某日的揚代為「晝十一兩、夜十九兩」，一整天下來只賺了三十兩。在臨時遊廓營業的時間愈久，遊女們不平不滿的聲音就愈激烈。

戲作《中洲的花美》（內新好著，天明九年）一書中，即描述了親眼目睹吉原被燒毀與重建的男客與遊女之

圖 32《奇事茂中州話》（山東京傳著，寬政元年）國會圖書館館藏

間的一段對話——

「仲之町也蓋好一半了。」

「好想趕快回到那邊喔。」

——從這段對話當中，可以看出遊女已然相當厭倦臨時遊廓。話中的「那邊」，指的就是吉原。

圖31和圖32描繪的都是臨時遊廓的光景。臨時遊廓中，有些妓樓沒有張見世，但即便有張見世，也建造得異常簡樸。

在圖31當中，有一個寫著「新大磯京町一丁目舞鶴屋伝三仮宅」的看板。「大磯」就是吉原的意思。在戲作當中，經常以大磯來稱呼吉原。圖中張見世的格子窗以竹子製成，可以看出是緊急建造而成。

圖32張見世的格子窗，似乎是以木頭搭建成，但欄杆尺寸非常細，也能看出建造時的匆忙。這張圖的看板上則寫著「新吉原京町 三文字屋七兵衛仮宅」。

在《文化祕筆》一書中，記載著以下這段故事：

文化十年（一八一三）五月中旬，一名體格相當好的男子光臨了位於淺草隅田川岸邊的臨時妓樓。

男子一入酒席，除了作陪的遊女之外，還叫來許多藝妓和幫間（男藝人）助興，鏗鏘鏘地大肆喧鬧了一番。

途中，男子從懷中取出一個沉重的紙包，並將其交給一旁的御針。

「揣著這麼重的東西喝酒，根本不能盡興！來，你先幫我拿著。」

御針，就是在妓樓裡面負責裁縫和修補衣物等針線活的女人。

突然被塞了一大筆錢的御針相當驚恐，認為自己無法好好保管這麼貴重之物，因此在說明狀況之後，將東西交給了樓主。當晚登樓的客人相當多，所有人都忙得不可開交，因此樓主也沒有特別確認，就將紙包收了下來。

之後，一身輕盈的男子便開始大吃大喝，高高興興地大肆喧嘩。

一段時間之後，男子說他想吹吹河風，便穿越庭院，來到了隅田川岸邊。在他身後，一票遊女、藝妓和幫閒尾隨，在旁伺候的遣手婆和年輕小廝也一個接一個地跟了過來。

「游一下好了。」

男子當場脫光衣物，全身赤裸只留下跨間的兜襠布。

所有人都出聲阻止。

「請不要這樣。」

然而，男子說道：

「不用擔心。我深黯水性，到達對岸之後，就會立刻回來。」

丟下這句話，他便嘩啦嘩啦地跳入河水當中。

只見他的手臂交互划出水面，漸漸地，他的身影愈來愈遠，終於消失在黑暗之中。

之後不管怎麼等，男人都沒有回來。

因為實在擔心他的安危，年輕小廝穿越吾妻橋到對岸，在附近搜尋男人的身影，然而卻遍尋不著。

小廝回到妓樓之後，便向樓主回報找不到男人的消息。

圖 33《名仮宅比六歌仙》（一亭萬丸著，天保十年）國會圖書館館藏

這時樓主也心急了，開始擔心起男人的安危。

「話說回來，好像還沒有確認裡面是什麼東西。」

思及此，樓主將寄放在身上的紙包拆開，發現裡面裝的不是金子，而是重量和形狀都和金子差不多的假貨。

最終妓樓蒙受了巨大的損失。

這是只有在臨時遊廓才能成立的詐欺。因為吉原被防止侵入的超高柵欄和溝渠（齒黑溝）環繞，因此不可能循此方法逃脫。

且臨時遊廓由於更為忙碌的關係，使得妓樓主人對整體環境的掌握也變得散漫。

9——日本江戶時代幕府的下級官員，職責是維護城市治安，類似現代的警察

10——同心雇用的線人，非公認的幕府協力者

11——出張所，行政機關設於各地的事務分部，功能類似派出所

12——女官、侍女

13——武家隨從職稱之一

14——為了維護江戶的安全，除非有特殊憑證，否則嚴格禁止鐵炮（洋槍）入關，及女人出關（防範地方大名留在江戶當人質的妻女逃走）

15——出大門的女人

16——鋪有榻榻米的房間

17——日文為「見立て」

18——到江戶屋敷單身赴任的武士

19——*Le Japon illustré*, Aimé Humbert Paris, 1870

20——正中央的位置

21——為增添藝能情趣，以敲擊樂器為主之音樂

22——地位較低的下級遊女

23——負責日常生活中各種瑣事的工作人員

24——日本傳統建築中，連接室外與室內玄關的過渡地帶

25——打理生活起居的女僕

26——接單出菜的料理屋，推出多種高級的宴席料理

27——當天負責料理、地位較高的廚師

28——當天負責料理、地位較低的廚師

29——在模具上壓覆多枚和紙，待成形後取下模具，然後在成形的紙模上直接著色的傳統玩具

30——日本武士的一種身分

31——盛行於江戶時代的一種短歌形式，大多以諷刺、滑稽、戲謔為主題

32——一群人一起吟詠俳諧的場合稱為連

33——該狂歌內容參照天照大神躲進天岩戶的故事翻譯

34——日本神話中的一個地方

35——「とこやみ」和「常闇」都讀作 tokoyami，「床第」則讀作 toko

36——俳句詩人

37——與遊女交易需付的錢

38——日本江戶時代一種社會階層，他們主要是商人，部分人是工匠以及從事工業的工作

39——日文中對於假名順序的一種傳統排列方式，現代多改用五十音順

40——相當於古代的驛站或現代的公路休息站、服務區

41——原書名為《里のをだ巻評》

42——建造於巷內的狹長住宅，常見於江戶時代

43——原文：ちょんの間。通常是指時間很短的性行為

44——類似守衛、保全

# 第三章 遊女的命運

## 賣身與女衒

圖34描繪的，是父親賣女兒的場景。

右下角的男人就是這位父親。左邊的男人則是女衒，他一邊算三十兩黃金給父親，一邊安慰他——

「無論如何，你女兒都是個孝順的孩子。」

後方那個男人是債主，正等著跟女兒的父親收錢。為了還清債務，才導致了這樣悲慘的情景。女衒已讓買來的女孩搭上了駕籠[45]，準備載到吉原之類的遊廓中，再轉賣給妓樓。

其中一個受雇來抬轎的轎夫，輕聲跟他的夥伴咬耳朵——

「夥計，我常常為她們感到難過。」

——至今為止，他不知道送了多少賣身的女孩進遊廓。

「賣身」在江戶時代相當普遍，貧窮人家的女兒更是容易被父母賣掉。

圖 34《敵討時雨友》（南仙笑楚滿人著）國會圖書館藏

在《獨自入睡》（柳澤淇園著，於享保十年左右）一書中，就曾提到——

賣身這檔事，儘管悲傷至極，但為何呢？都是為了父母。

——由此可見，為了幫助父母而賣身，在當時已是社會常態。

當時的人們認為被賣掉的女兒是「孝順的女孩」，而不是「因為放蕩又喜歡男人才成為遊女」。

在圖34中女衒的台詞當中，也反映了這樣的社會共識。

賣身時，由於表面上是以成為奉公侍女的名義交易，因此一定會確實地訂立年季[46]和工資，然後互相簽訂證文[47]。然而事實上，契約書中明訂的工資會在交易時全額支付給女孩的雙親，無論女孩願不願意，隨後都會被賣到遊廓成為遊女。也就是說，這是一種實質的人口販賣行為。

而女衒就是在其中引介這些女孩的人口販子。

圖34乘坐在駕籠中的女孩頂多十五歲左右，當時貧窮農家為了少一張嘴巴吃飯，也經常把年幼的女兒賣掉。

在《世事見聞錄》（武陽隱士著，文化十三年）之中，可以找到農村中與賣身相關的記載——

在所有國當中，人口販賣多見於越中、越後、出羽等國。聽說只要湊到三兩、五兩金子就能買到。

——根據書中所述，越中（富山縣）、越後（新潟縣）和出羽（山形、秋田縣）等地的貧窮農家，會把年幼的女兒以三到五兩的價格賣給女衒。為了購入年輕女孩，女衒也會前往農作物歉收的貧困農村，挨家挨戶拜訪。

以吉原的狀況來說，一般會透過女衒購入十歲左右的女孩。這些女孩被稱為禿，在妓樓當中見習，以成為遊女為目標，持續接受相關的教育與訓練。當這些女孩及笄之時，就會正式成為一名遊女並開始接客。

圖 35《春文草紙》（山東京山著，嘉永六年）國會圖書館館藏

而圖34這位女孩賣身的價格則高達三十兩。雖然《世事見聞錄》一書中提到的三到五兩過低，但三十兩也已高於當時行情，可能因為這個女孩對妓樓來說算是即戰力。妓樓買下她之後，完成最基本的遊女教育，就會立刻讓她接客。

另一方面，如果是較年幼的女孩，在成長到可以接客的年紀之前，還需花上數年時間，因此「在可以賺錢之前，都算是吃閒飯」，妓樓就是如此看待這些女孩。

在圖35當中，可以看到「被人口販子買下的鄉下女孩們，夜宿於旅籠屋[48]」這幾個字。這張圖描繪的是女衒一口氣買下好幾個女孩，運送途中於旅籠屋夜宿一宿的情景。

圖中左上角，有一位剛離開父母的年幼少女，因為寂寞正在暗自哭泣，而身旁那名年長的女子正試著安撫她——

「妳啊，別哭啦。現在就哭，以後怎麼辦。這樣可不行喔。跟我們一起去好玩的地方吧，別哭、別哭了。」

——這位年長的女孩，似乎已經知道自己要去的地方是哪裡了。她拼命安慰女孩的身影，實在令人動容。

另一廂，右下角的女人則是一位行商，她向住宿的客人兜售饅頭，正在叫賣——

「來來，各位客人，是不是來自越後啊？」

——從這句話當中，就能得知她已經看出眼前的一行人，都是要被賣到遊廓的女孩。她從女孩們講話的口音，聽出她們來自越後的貧窮農村。

由此可知，在江戶時代，人口販賣可謂再平常不過之事。以吉原為首，各地遊廓的榮景，就是支撐賣身系統的主要核心。

那麼，居中仲介的女衒，可以獲取多少報酬呢？

根據《折焚柴記》（新井白石著）一書記載，正德元年（一七一一）之時，一位女衒以一百零五兩的價格將一對姊妹（年齡不詳）賣給吉原的巴屋，並從中扣除三十四兩二分作為手續費。

由此得知，女衒的抽成差不多是百分之三十三。

另有一本《在光明中萌芽之日》，此書於大正十三年（一九二四）問世，是作者森光子的手記，記錄了她在十九歲時被賣到吉原「長金花樓」之後的故事。

根據該書記載，契約規定妓樓需支付一千三百五十兩給光子的父母作為預付金，而周旋屋（女衒）從中收取的手續費是兩百五十兩。此時周旋屋的抽成大概是百分之十八．五，仲介費用也接近兩成。

這樣看來，若只考慮仲介費，江戶時代的女衒根本是俗稱的惡德商人。

## 女衒的女孩鑑定法

在圖36當中，有一位身軀前傾、俯首而坐的女子。右下角的男人自稱是女子的哥哥，他帶著女子來到吉原一間名為松田屋的妓樓，試圖向樓主兜售——

「這個女人是我妹妹，本來讓她在御屋敷幫忙，但因為爸媽生病，所以才讓她出來幹活[49]。」

——男人如此說道，好像真有其事一般。

「御屋敷」指的是大名或階級地位較高之旗本的宅邸。他藉由提到女子曾是武家屋敷的家僕，來突顯她熟悉禮儀這一點，藉此說服樓主買下這名女子。而男人口中的「幹活」，就是成為遊女的意思。

在當時的社會制度當中，父兄、叔伯和丈夫相當於女性的監護人，他們擁有將女子賣到妓樓的權力。所以畫中男性才會自稱為該名女子的兄長。

在戲作《郭之花笠》（松亭金水著，天保七年）當中，提到賣身，甚至有男人大言不慚地說——

圖 36《跡著衣裝》（十返舍一九著，文化元年）國會圖書館館藏

「賣身的時候只要告之父母有同意就好，樓主也不會在這件事情上計較。不過，是啊，如果真的被追問，還有一個大絕招，只要說是我的女兒或外甥姪女就好。」

——這邊講的「大絕招」，就是可以鑽漏洞的意思。他只要把這個被拐來賣的女人，說成是自己的女兒或外甥姪女，就能賣到妓樓賺一筆。類似事件之所以會發生，都是建立在人口販賣猖獗的時代背景之下。

圖36左邊手持菸管的男子，就是妓樓的樓主。

樓主出價之後，自稱哥哥的男子便道——

「應該再高一點吧，不過算了，沒辦法，就擬定證文吧。」

——他的意思是說，雖然希望對方出更高價，但這價錢也符合期望了，就以這個條件交換契約吧。

那位坐在樓主右手邊，手上拿著紙的男人就是女衒。

賣身的時候，因為表面上是簽訂工作契約，因此一定會事先決定好年季和工資，訂契約並互相交換證文。立約時，因為需要仰賴女衒的專業知識，因此即使該筆買賣是直接交易，並無透過女衒仲介，妓樓仍然會請一位女衒到現場當顧問。

樓主會請女衒鑑定這名女子，完成鑑定後的敘述如下——

「這名女中相當珍貴，是一塊好玉。身形嬌小，大拇指能彎，最重要的是，也不擔心成為刀豆或臭橘，是一塊無可挑剔的璞玉。」

——如此這般，女衒給出了相當高的評價。女中這個詞有奉公人的意思，也會用來指一般的女性，此處之意為後者。

對現代人來說，很難理解女衒敘述的評價內容是什麼意思。簡單來說：

看起來沒有發作性的慢性疾病，身體健康，

陰道緊緻程度良好，可謂名器。

大概就是這樣的意思。

也就是說，女衒認為這名女子是個上等貨。

在戲作《夜慶話》（宇田樂庵嬉丸著，文化三年）一書中，也記載了女衒鑑定女性的方法——

一眼。二鼻。三口。四髮際。膚若凝脂。齒如瓠犀。家教好、討人喜歡的臉蛋、臀型可見、沒有得病……（中略）……臉蛋、心、風情，具備這三樣者，能成中座、可稱立者……

——根據敘述，最關鍵的部分似乎是沒有得病這一項。「中座」和「立者」都是指一家妓樓當中最受歡迎的頭牌遊女。

無論如何，以這樣的方式評價女性，在重視人道主義和人權意識的現代社會，必定會受人非難。但，畢竟，當時是一個可以合法賣春的時代。

遊女在當時被視為妓樓的商品。從商業角度來看，進貨一項商品時，對品質嚴格把關，似乎是再理所當然不過的事。

無論如何，女衒擁有一套獨特的鑑定法，用來徹底檢視女孩的品質。

除了靠買賣人口來賺錢，女衒同時也需具備專業知識。除了必備的讀寫技能之外，由於擬定證文也是工作之一，因此，需具備一定程度的文書寫作能力。

圖 37《果報寢物語》（福亭三笑著，享和三年）國會圖書館館藏

一直到近現代的大正時期，這樣的需求也沒有改變過。

根據先前曾經提到的遊女手記《在光明中萌芽之日》（森光子著），安排作者到吉原妓樓的周旋屋（女衒），他的小孩都受過相當好的教育，兩個畢業於早稻田大學，一個則畢業於明治大學。

周旋屋不僅手頭闊綽，同時也相當注重孩子們的教育程度。當然，他自己本身也具備良好的教養。

由此可知，女衒並非俗人，該職業的黑暗和其人的教養程度並不互斥。

圖37則描繪了因父親患病而必須賣身的女兒，和母親道別的場景——

「那麼，女兒啊，多保重。難過、難過啊！」

「永別了。」

——兩人互相道別，淚眼婆娑。一邊的女衒則是笑得合不攏嘴。「媽媽，不用擔心啦。」，他一定對那位母親這樣說吧。

畢竟這樣的離別場面，對女衒來說早已司空見慣了。

## 禿

圖35那張畫作，描繪了已經賣身給女衒的農村幼女離家上路的景象。

這些賣身的女孩透過女衒仲介，將會被轉賣到各地的花街。其中有些女孩會被賣到吉原的妓樓，成為所謂的「禿」（かむろ），接著學習如何成為一名遊女。

這裡提到的禿，其實就是見習遊女的意思。禿會追隨在遊女身邊，除了打理日常雜務之外，還要一邊學習遊廓的規矩。

這些規矩當然包含了性相關的知識。

在圖38當中，被花魁叫去跑腿的禿一回到花魁身邊，急道——

「花魁姐姐，那個，如果，那個，嗯！我好像忘了什麼。應該是，菸草的樣子。」

——她說著說著，露出了哭喪的臉。

雖然她的髮飾和穿著，都比普通女孩來得奢華，然而說到底，她仍只是個十幾歲上下的孩子，實在令人同情。

圖 38《浮世學者御伽噺》（志滿山人著，文政五年）國會圖書館館藏

另一方面，圖39描繪的則是妓樓的夜晚。右邊這兩個禿，剛好幸運地沒有被吩咐什麼差事，才能在角落玩著彈珠。看著這一幕，令人更加意識到她們其實都還只是年幼的孩子。

而圖中左邊這位年輕人，正透過擊打拍子木[50]來傳達現在時刻。

無論如何，對禿來說，她們十歲左右就被迫離開父母，等於孤身一人被扔到妓樓的集體生活之中。

加上妓樓還是一個瀰漫著男女性事、性氣味濃厚的環境。迫使這些身為禿的小女孩，不得不在性方面更加早熟。當然，這便是妓樓的目的。

禿生活在妓樓當中，不免會撞見男女交纏的性事現場，也會經常聽到遊女

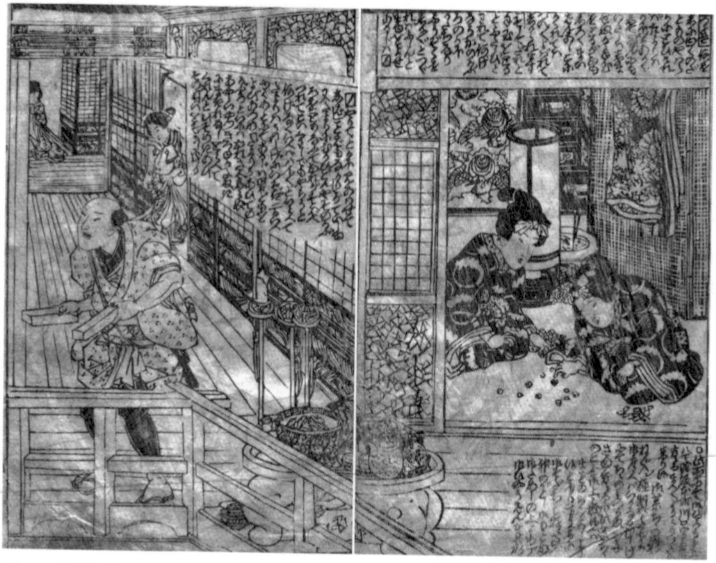

圖 39《繪卷物今樣姿》（美圖垣笑顏著，天保十三年）國會圖書館館藏

叫床的呻吟聲。

禿的第一課，就是適應這樣的環境，以消除她們對性的羞恥心。

在圖 40 當中，一個禿正在偷看花魁和男客之間的性事，她一邊看，一邊喃喃自語道——

「仔細觀察花魁，學習她的做法，我也要像她那樣做。」

事實上，禿會在旁邊偷看，是因為花魁的命令。換句話說，這也是花魁對禿的教育之一。由於圖 40 是一幅春宮畫，當然有其誇大的部分，但仍然可以看出讓禿親自觀摩性事現場，是遊女教育的一環。

雖然在文獻當中找不到具體的相關

圖 40《豔本常陸帶》（喜多川哥磨，寬政十二年）國際日本文化研究中心館藏

記載，卻仍然可以確定妓樓從禿的時代開始，就已經施以相關的訓練了。

所謂的訓練，包含了鍛鍊陰道以成為名器、沐浴時清洗陰道的方法等。負責訓練的人，通常是圖40當中那樣的前輩遊女，或是負責監督遊女的遣手婆，再來就是樓主的妻子。

禿成長到十四歲左右時，便會成為新造(しんぞう)。新造雖是下級遊女，卻還不需要接客。原因是妓樓仍在等待新造的初潮來臨。即使是妓樓這樣的風月場所，仍維持著最低限度的人道精神，至少不會強迫初潮未至的女孩從事性行為。

不過，這也代表一旦新造迎來初潮，就等於迎來了出道成為遊女的日子。

在正式出道之前，少女需經歷一種稱作「水揚」的儀式。水揚指的是破處，也就是初次體驗性行為。

根據吉原的規矩，遊女嚴禁與樓主或任何任職於妓樓的男子發生肉體關係，因此當少女迎來水揚的儀式，妓樓便會從熟悉的常客當中，篩選一位擅長此道的年長男性來為遊女破處。

也就是說，妓樓會委託性經驗豐富的男人來執行這個儀式。對熟客來說，大概沒有比這個更開心的事了。

四國女郎屋主人的著作《江戶性愛術》（寶曆九年），就能找到水揚相關的記載——

找一個適當的時機，找個上了年紀的好色客人來過初夜，給他整整兩天，揚代則收三十天份。

年紀大的男人經驗豐富，不會太激烈、也不會做粗暴的事。

——如此這般，樓主會把女孩交給一個有錢又好色的老人整整兩天，同時收取三十天份的高額揚代。

雖然缺乏具體的史料佐證，但是吉原妓樓在找男客進行水揚時，想必也收取了相當程度的高額代價。

如此，當新造完成水揚的儀式之後，就會開始陸續接客。從樓主的立場來看，「讓妳白吃白喝到現在，就是為了今天。來，盡全力為我賺錢吧。」這大概就是他的心聲。

遊女在新造時期若能累積相當程度的人氣，就能晉升為花魁。大概就像幕下力士晉升為關取，兩者是一樣的道理。

當然，正如很多力士的生涯結束於幕下一般，止步於新造的遊女也並不少見。

圖 41《欠題組物（一）》（鳥居清信，寶永五年左右）國際日本文化研究中心館藏

## 床技訓練

圖41這幅畫作出版於寶永五年（一七〇八）左右，當時的吉原還有揚屋制度，太夫也還沒有被廢除。

因此，將該場景視為太夫指導禿性事的現場，應無太大問題。畫中男子應該是客人吧。圖上雖無說明文字，但太夫可能為了教育禿，對客人提出這樣的請求：

「那個禿叫做小綠，我想教她男女之間的性事。您能幫幫我嗎？」

當然，有憤而拒絕的男人，就一定有害羞但願意配合的男人。接下來的情景，就如圖41所示。對男人來說，實在是「又開心、又羞恥」，快感一口氣往上衝，舒服到全身後仰。

另一邊，禿卻撇開視線不好意思看。此時，太夫便會開口斥責——

「看進去，認真看！」

應該就是這樣的情況吧。

雖然圖41是較為誇張的春宮畫，但禿應該經常接受類似的性教育，也經常在相似的場合學習性技巧。

為了學習高超的床技，所有遊女都必須接受性技巧的訓練。所謂高超的床技，指的當然是出色的性技巧。但是對遊女來說，除了學習如何讓客人在性方面得到滿足以外，怎麼讓自己不容易累，也是學習的重點之一。

遊女一天要接待好幾位客人。特別是輪流接客的時候，就像車輪戰一樣，不得不連續接好幾位客人。如果自己容易疲累，面對男人時，就會開始敷衍了事。

京都島原遊廓的樓主，奧村三四郎在他的著作《祕傳書》（寬永末年左右）當中，曾提到當遊女困倦想提早就寢，卻又不得不接客時所使用的祕傳技巧。首先她會盡量勸酒，等到客人醉倒之後，就馬上把客人拉到床上——

此時務必持續強攻。所謂持續強攻，就是緊縮肛門，左右搖晃身體讓陰莖立刻插入。

只要縮緊肛門，玉門亦會夾緊。藉此使精液盡早洩出。只要這麼做，客人很快就會射精，然後直接入睡。此時，自己就能輕鬆就寢了。

——根據書中內容，讓喝醉的男人馬上插入，然後一口氣縮緊肛門。肛門一縮緊，陰道也會跟著縮緊，毫無抵抗力的男人就會立刻射精，接著不省人事。這麼一來，自己就能睡個安穩的好覺了。

在這本書中，還記有「玉門乾燥之事情」這一項。內容提到陰道不夠溼潤時，就把紙放到嘴裡咀嚼，透過咀嚼，能讓紙吸飽唾液。之後，當男人即將插入陰莖之時——

應從口中拿出紙，用手指捏住，將水分擠入玉門當中。要保密、要保密。

——也就是說，用手指將吸附在紙上的唾液擠出來，用以溼潤陰道。不過，務必對男客「保密」。

雖然該書出自島原遊廓的祕傳，但相信吉原的狀況應當相去不遠。

另外，遊女也被教導不能太過敏感。如果每每和客人之間的房事都能高潮，身體很快就會疲憊，無法再接其他客人。

《難波鉦》（延寶八年）是以大阪的新町遊廓為背景舞台寫成的書籍，書中提到——

用以侍奉之身，若如尋常女子，每每力氣散盡，則非長久之道。

——這裡的侍奉指的是遊女這份工作。力氣散盡，就是相當敏感的意思。確實，遊女若在接客時太過敏感，身體是撐不下去的。

四國女郎屋主人的著作《江戶性愛術》（寶曆九年）一書也提到——

女形應記住，盡量不顧慮、不耗費太多力氣。

——「女形」是遊女的別稱，而這邊的「顧慮」指的是感覺。正是再三叮嚀遊女，若什麼都去感覺，一定會弄壞身體。

但是，如果遊女看起來毫無感覺、過於冷淡的話，客人也提不起勁來，一定會覺得相當掃興。

因此，遊女就必須配合演出。在戲作《傾城色三味線》（江島其磧著，元祿十四年）一書中，島原的遊女便嶄露了高超的演技——

她在床上發出虛假的呻吟，雙眼迷離，束髮散亂，連枕頭都歪至一旁，她蜷曲腳趾，雙手抱緊男人，喘息凌亂，……

圖 42《哀求之線頭》（喜多川哥磨，寬政十一年）國際日本文化研究中心館藏

——床上的男客以為自己靠著陰莖和性技，讓遊女達到「高潮」，應該相當驕傲又滿足吧。

在演技當中，又屬「哭泣」特別重要，也就是呻吟的技巧。

在戲作《娘太平記操早引》（曲山人・松亭金水著，天保十年）一書中，便有此敘述——

> 娼妓們都說哭得好，客人就多。

——遊女若能發出令人心癢難耐的甜美呻吟，就能迅速竄紅，使客人爭相成為她的入幕之賓。

在圖42當中，這位正與遊女共度春宵的男子一邊動作、一邊抒發胸中激動的情緒——

雖聽聞汝以叫床聲聞名，沒想到竟然比這兒的味道更加美妙，實是令人按捺不住。

——如此這般，遊女在床上的呻吟聲，似乎也是男客評價遊女的重點。男人說的這兒，指的就是女子的性器。

戲作《取組手鑑》（關東米著，寬政五年）一書中，有一位名為花粋的遊女在接客時的呻吟聲，傳到了隔壁房間的男客耳中——

「花粋小姐燃燈時，總會發出樹鶯般的嬌啼聲，真令人羨慕啊。」

——如此這般，書中描述了客人評論遊女叫床聲的情景。「燃燈」就是性交的意思。花粋的呻吟聲想必相當令人驚心動魄。

吉原妓樓雖然相當豪華壯觀，然而只要是木造的建築都有一樣的問題。走廊和房間之間僅一扇障子[51]相隔，房與房之間也只以一扇襖[52]相隔，因此床笫之歡時，只要音量稍大，隔壁房間和走廊都能聽得一清二楚。

## 妓樓的飲食生活

到了寶曆時期（一七五一～六四），不僅太夫稱號遭到廢止，吉原遊女的階級也被大幅簡化為三大類。分別是高級遊女的花魁、下級遊女的新造以及見習遊女的禿。遊女的日常待遇則依照階級來決定。

在飲食方面，不同階級的遊女，待遇有著相當明顯的差異。

圖43描繪的，正是妓樓的早餐時光。不過，由於遊女的起床時間為巳時[53]（早上十點左右），因此妓樓的早晨從早上十點才正式開始。

值得注意的是，新造和禿正在用餐的地方，是一張被稱為「飯台」的桌子。飯台後方可以看到許多僕役小廝和客人來來去去的樣子。從位置上來看，大概就是一樓的走廊。除了來來去去的人多，用餐的樣子也會被看個精光。

另一方面，花魁在自己二樓的房間用餐，餐點也由侍女直接端到房內。有時，如果一個人覺得無聊，也會和朋輩的花魁一起用餐。

圖 43《聞道初音復雛》（山東京山著，文化六年）國會圖書館館藏

以現代的溫泉旅館來比喻，大致可以分為：新造以下的遊女在宴會廳和他人一起用餐[54]；花魁則在自己的房間內用餐[55]。

如此這般，雖然妓樓內連吃飯的場所都有階級之分，供應的食物本身卻都相當簡樸。戲作《錦之裏》（山東京傳著，寬政三年）一書中，描繪了妓樓的朝食光景。在該場景當中，遊女們正在討論當天的小菜——

「今天的配菜是什麼？」

「好像是炸番薯的樣子。」

「好煩喔！」

「一定是哪裡出錯了！」

——忿忿不平的語氣，完全顯露出對配菜的不滿。不過，雖然配菜很糟糕，米飯的部分倒是相當高級的銀舍利（白米飯）。在圖43當中，應該也可以看出在大大的飯盆當中，盛裝著白花花的米飯。

當時，即便稻農本身，也鮮少能夠吃到銀舍利這種等級的白米飯。因為只要稻米收成，農民就要繳納一半左右的份量給幕府作為年貢。剩下來的白米，大部分會被農民賣掉，如果不這麼做就沒有現金收入。

也因此，農民每日用來餬口的米飯，大多是雜穀米，或是混了麥子的麥飯，白米飯通常是在特別的日子時才能享用的奢侈食材。

如果單從每天都可以吃到白米飯這個角度來看，遊女的飲食生活也許是比農民來得幸福了。

另外，雖然妓樓在膳食當中提供的配菜相當貧乏，但每有一位遊女升等為花魁，就一定會收到來自客人的祝賀禮金，此時妓樓就會向俗稱「台屋」的仕出料理屋點菜來慶祝。

當然，新造和禿無法一起享用這場盛宴。妓樓經營者腦中盤算的邏輯大概是「如果想像花魁一樣，享用美味的食物，就得努力取悅客人，賺取更高額的禮金吧！」

另一方面，妓樓裡早、午飯的時間是固定的，全妓樓的人會在同一時間用餐。晚上因為非常忙碌，通常都是各自在有空的時候到廚房，隨便在冷飯上澆個熱湯、配幾塊醃蘿蔔吃一吃就算了。就妓樓內的伙食來說，晚餐是早中晚三餐當中，最粗糙的一餐。

根據《在光明中萌芽之日》（森光子著）的描述，妓樓供應的伙食為——

早飯。早晨，送客人離開之後用餐。味噌湯配醃漬物。

（中略）

午飯。下午四點起床用餐。小菜是燉煮當季蔬菜，偶爾會有滷魚或海苔。

晚飯。幾乎等於沒有。晚上十一點左右吃，只有飯、沒有配菜，還是中午的剩飯呢，也沒有重新加熱，只是拿出來放著。難吃，而且經常連醃蘿蔔都沒得配。

——看來，即使到了大正時期，妓樓的飲食跟江戶時代也幾乎無異。

雖說妓樓供應的晚飯相當粗糙，但對正值全盛時期的花魁來說，晚上通常會有慷慨的客人花錢設宴。託客人的福，她們可以在宴席間享用豪華的料理。

圖44描繪的，就是豪華的宴席場面。

這圖中，坐在男客右手邊那一位就是花魁。正在彈奏三味線的，則是被叫到宴席上助興的藝妓。席間料理相當豪華，這些菜色都是跟台屋點菜之後，請台屋送到妓樓，一般稱之為托台料理[56]。

圖 44《玉屋新兵衛桶臥》（志滿山人著，文政十二年）國會圖書館館藏

豪華的料理當然有著離譜的價格，但大方訂購這種托台料理的男人，在花魁面前才有面子。

男客人在席間享用美酒佳餚，並欣賞藝妓和幫間的歌舞。酒足飯飽之後，就能與花魁共度春宵，享受魚水之歡。

另一方面，從花魁的角度來看，只要擄獲一位如此慷慨的客人，自己也能享用美味豪華的食物。對人氣花魁來說，妓樓提供的粗茶淡飯，她們並不放在眼裡。

圖45描繪的是台屋廚房的光景。人們正在料理食物，看來生氣相當蓬勃。許多類似的

圖 45《春文草紙》（山東京山著，嘉永六年）國會圖書館館藏

台屋在吉原開張營業，為妓樓提供各式各樣的豪奢料理。

接下來請看圖46，如果不加說明，或許難以理解此圖描繪的是什麼情景。

畫中這幾位是一整晚都被晾在旁邊研磨茶葉的遊女，也就是整晚都沒有客人指名的遊女。而這張畫作所描繪的正是深夜時分，她們在人去樓空的宴席間享用剩飯的光景。

戲作《總籬》（山東京傳著，天明七年）描寫了宴會結束後，藝妓離席、花魁與客人也都各自回房，席間的新造們是何樣貌——

圖 46《昔唄花街始》（式亭三馬著）國會圖書館館藏

新造們圍著蝶形足膳[57]，開始做些下品的事情。硯蓋[58]上盛裝著整顆煮透的荸薺，形似古方家[59]大夫的總髮[60]；鹿茸入菜的甘煮[61]，就像被撕裂的習字草紙一般。

——如此這般，席間盡是殘羹剩飯。這邊說的「下品」，是指粗鄙不規矩的行為。遊女在夜裡吃剩飯，確實是一幅相當悽慘的景象。但是，對本人來說卻是相當迫切的需求。

如同先前所述，妓樓供應的食物，沒有什麼像樣的配菜。若不藉此好好補充營養，身體總有一天會撐不下去。「不放過每一口剩下來的飯菜」，正是身為遊女才能體悟的生存智慧。

戲作《遊子娛言》（鶯蛙樓主人著，文政三年）一書中，也有遊女活用剩菜的場景——

她拿出一個尺寸小於袋戶棚[62]的烤網，取出夜裡剩下的刺身，置於網上烘烤；她在小鹽皿中撒上少許七色唐辛子，欲沾著魚片享用……

——這位遊女將宴席上剩下的生魚片偷偷藏起來，等到下次用餐時，便以火鉢烤熟魚片，撒上唐辛子享用。

這種舉動看似小家子氣，但是，由於妓樓提供給遊女和奉公人的菜餚，很少會出現海鮮或蛋類。因此將剩下的生魚片藏起來享用這個行為，讓身體得以補充了平常吃不到的動物性蛋白質。

# 遊女的自由時間

在現代社會當中，特種行業的小姐無論正職或兼職，都只在排班的時間上班。上班時間以外的時間，都是屬於自己的。

有人喜歡拖到最後一刻才出門，也有人喜歡先去購物或做點別的事情，算好時間再前往上班地點。跟朋友吃飯小聚，聊一聊天，時間差不多了，說句「啊，抱歉。不去不行了」，再急急忙忙地前往上班地點。上述都是會發生在大多數人身上、再平凡不過的日常光景。

或許有些人本來就有好幾份工作，一個職場的工作結束之後，再立刻前往下一個工作地點。

但基本上，只要是下班時間，所有人的都能在工作地點以外的空間，擁有屬於自己的生活和人際關係。亦即「工作和生活分開」的現代生活方式。然而，妓樓卻是工作和生活合一的場域。

遊女不僅在妓樓工作，也生活在妓樓當中。從工作到生活，周遭的人際關係幾乎完全重疊。加上，也只有花魁能夠擁有自己的房間，新造和禿基本上都是混居在一個大房間內，可說完全沒有個人生活空間可言。

吉原一天有兩個營業時段，分別是：

> 晝見世——真晝九（正午左右）～夕七（下午四點左右）63
> 夜見世——暮六（日落）～夜八（半夜兩點左右）64

客人如果想從晝見世一路玩到夜見世，當然沒有問題，只要支付相應的金錢即可。

另外，從表定時間來看，夜見世雖然僅營業至夜八（半夜兩點），但這是妓樓本身的營業時間。對遊女和在妓樓過夜的客人來說，並沒有所謂的營業結束時間。

江戶時代的人們相當早起，所有侍奉武家屋敷、或是在商家幹活的奉公人，不分男女都得在天亮前起床煮飯，開始忙碌的一天。當然，居住在裏長屋的庶民也不例外。天還沒亮，女主人們就會起床張羅早飯。

不過這樣的生活作息並不適用於遊女。遊女的早晨相當晚，大概要到晝四（早上十點左右）才起床。如果前一晚有客人，遊女通常會在天亮前送客人到樓梯口，或是在妓樓門口目送客人離去。客人一離開，遊女就會再鑽進被窩睡回籠覺。

圖 47《吉原短歌》（安永五年）國會圖書館館藏

圖 48《北里花雪白無垢》（山東京山著，文政五年）國會圖書館館藏

一覺睡到晝四，起床後的第一件事情，就是晨間沐浴了。圖47所描繪的，便是一樓室內澡堂的晨間光景。由於是室內澡堂，因此可以看出浴池相當狹小。

許多遊女因為不喜歡在擁擠的浴池裡洗澡，會特地到外面的湯屋泡湯。當然，這些湯屋仍在吉原的範圍當中。

沐浴後，就是吃早餐了。

用餐後到晝見世開始（真晝九）的這段時間，遊女雖需化妝結髮，做好接待客人的準備，但仍有屬於自己的自由時間。這段自由時間，長度大概約為兩個小時。

圖 49《北里花雪白無垢》（山東京山著，文政五年）國會圖書館館藏

不過，遊女因為無法離開吉原的關係，就連屬於自己的閒暇時間，都不得不在同一個空間、和同一群人度過。

圖48描繪了晝見世開始之前，妓樓內的光景。

最左邊那位遊女，正一邊看著鏡子，一邊點紅雙唇。一位女結髮師正在替左邊數來第二位遊女結髮，而遊女本身正在讀信。女結髮師每天都會來到妓樓，為遊女們結髮。

第三位遊女趴在地上，似乎正在看書。在沒有電視也沒有收音機的時代，讀書可謂是最受歡迎的消遣了。散落在一旁的，應該是歌留多[65]吧！最右邊的遊女正彈奏著三味線。

正前方這位遊女，正在委託一位男人辦事。男人應該是信使，他會幫遊女將信件送到客人手中。女子交給他好幾封信，雖然收件人不同，但信件內容卻可能都相同。客人不清楚吉原幕後的日常狀況，所以收到遊女的親筆信函，想必是又驚又喜！

圖49描繪的也是自由時間的光景，但時間是夜見世開始之前。整體瀰漫著一股懶散的氛圍。

躺在畫中左下的女子，是一位名叫浦里的遊女，今年十九歲。她被客人灌酒，醉倒在一邊，看起來非常不舒服。另一位遊女注意到浦里的狀況，勸她道——

「浦里，起來吧，把這碗藥喝了。」

——她勸浦里喝的藥，應該是「袖乃梅」。袖乃梅是一種解酒藥，同時也是吉原的名產。

無論如何，從圖48和圖49當中，可以看出因為工作和生活空間混合的關係，居住在妓樓裡的遊女，等於是過著毫無個人隱私的生活。

# 沐髮日

圖 50《逢夜鳫[66] 之聲》（歌川豐國，文政五年）
國際日本文化研究中心館藏

圖50這位花魁正在更衣。素人女性穿著的湯文字[67]，大多為白色或淺黃色；而遊女和藝妓這類精通技藝之人，則會選用緋紅色的縮緬布[68]，也不穿著相當於胸罩的衣物。

在春宮畫當中，花魁總是身著豪華的打掛和服，頭上插著誇張的櫛梳或髮簪，和男人在床上交纏。但是這樣的描繪其實過於誇張。花魁和客人上床時，身上通常只有一件睡衣，她們不僅會事先將所有髮飾摘除並包裹於懷紙[69]當中，打掛和上衣也會預先脫下。

因為如果不這麼做，昂貴的髮飾可能會折斷，打掛也會被弄髒。在圖51當中，女結髮師正在為花魁結髮。女結髮師一邊動作，一邊說著類似的客套話——

「橫兵庫這個髮型，最適合花魁您了。」

——所謂「橫兵庫」，是專屬花魁的一種華麗的髮型。上述原文當中的「いっち」，就是「最」的意思。

每天晝見世開始之前，女結髮師來到妓樓，花魁便會請女結髮師幫忙整理頭髮。新造則以彼此互相結髮較為普遍。

禿的狀況，則是如同圖51所示，她們通常在一樓的入口附近，請男性的結髮師協助結髮。女結髮師在吉原等遊廓當中，是相當特殊的職業。

結髮師原是屬於男人的職業。不管是剃月代頭，或是結髮，都是男人的工作。根據

圖 51《契情畸人傳》（式亭三馬著，文化十四年）國會圖書館館藏

戲作《浮世床》（式亭三馬著，文政六年）書中所述，當時的髮結床[70]只有男客上門。所以當時的髮結床，也可說是附近男子聚集的場所。

在那個年代，一般都認為女性應該要自行結髮。因此不存在接待女性客人的髮結床。

但是，由於自行結髮實在不是一件容易的事，因此，在擁有許多奉公人侍奉的武家屋敷或大商人的家中，主人的妻女通常由女中（女官、侍女）來服侍結髮。女中之間也會互相幫彼此結髮。另外，她們有時也會聘請獨立接案的女結髮師到家中協助。

在吉原，女結髮師更是經常

出入妓樓，為花魁結髮。因為花魁的髮型相當獨特，如果不是專業的女結髮師，便無法順利完成。

圖52描繪了一個女人正在洗頭的場景。

到了今天，人們普遍會在淋浴或泡澡時一起洗頭。然而在江戶時代，不能淋浴是理所當然的，因為熱水無法大量供給的關係，就連泡澡也沒辦法一起洗頭。因此才會看到女人特別煮沸一些熱水，以圖52所繪之形式洗頭。

在吉原當中，每間妓樓都訂有一個月一次的「沐髮日」，所有遊女都會在那一天洗頭髮。不過反過來說，這也代表遊女一個月只洗一次頭。在一般的日子裡，遊女們會藉由仔細梳理頭髮，來達到去除汙垢的效果。

根據戲作《取組手鑑》（關東米著，寬政五年）所述——

沐髮日乃二十七日。每家店規矩不一，節日前時而擇日舉行。由於庭中燒起大釜[71]，平日裡安靜的二樓，也能聽見燃燒木柴的聲音。這一日，女郎需要早起，因此也希望逮夜能盡早入睡。

——根據這段敘述，遊女在沐髮日當天必須比平常更早起床。「逮夜」一般指的是葬儀前夜，但在這邊則是沐髮日前夜的意思。

圖 52《大晦日曙草紙》（山東京山著，安政六年）早稻田大學圖書館館藏

沐髮日當天，妓樓上下無論小廝侍女都忙得不可開交。他們不僅要在庭院的大釜裡燒一鍋熱水，還得把熱水分裝到盆中。

在戲作《總籬》（山東京傳著，天明七年）一書當中，一位新造如此說道——

「今天是二十六日耶。好開心呢，終於到了沐髮的日子。」

——果然，一個月只洗一次頭髮，平常一定癢得受不了。從這些場景當中，不難看出遊女對沐髮日的期待之情。

## 贖身

吉原遊女的年季，一般以「最長十年，最大二十七歲」為原則。因此，賣身之時所訂的契約，也不能偏離此一原則。

吉原是幕府公定的遊廓，也就是說，吉原遊女是政府認證的公娼。幕府的規定為公娼保證了最低限度的人權。

而在岡場所等非法賣春場所工作的遊女則是私娼，不適用吉原的契約原則。因此，遊女若在岡場所的女郎屋工作，其工作年限大多遠遠超過「最長十年，最大二十七歲」的範疇，被設定苛刻年季的人亦不在少數。

雖說，委身於許多男人，是遊女不得不面對的處境，但男女之間，萌發感情也是人之常情。當一個男人與遊女開始熟稔起來，不知不覺中，就可能發展出真正的戀愛關係。

然而，遊女身上綁著契約。除了年季期滿，或是年滿二十八歲這兩種狀況以外，遊女都無法脫離吉原的掌控。因此在年季期滿之前，無論男女都別無選擇，只能等待。

可是，從男人的角度來看，喜歡的女人同時委身其他男人，實在是相當難以忍受的狀況。再加上遊女這個行業有害健康；工作的時間愈長，生病的機率就愈高。

此時，為了終止契約，男人可以選擇付錢給妓樓，帶走年季未滿的遊女。這就是所謂的贖身，也被稱為根除。但是，贖身需要一大筆錢。

樓主會依據該遊女剩餘的年限，來要求一筆補償金額。看準了男人想要獨占女人的心理，甚至還會誇大其實，要求比實際金額更高的鉅額賠償。

這樣的狀況可以從史料當中窺知一二。根據《元祿世間咄風聞集》的記載，元祿十三年（一七〇三）時——

町人謂水谷六兵衛，費千兩贖高尾太夫矣。

——根據上述文字，來自本鄉的水谷六兵衛，為了替三浦屋的高尾太夫贖身，便花費千兩。這裡的高尾大夫，指涉的是第三代。

另外，《俗耳鼓吹》（大田南畝著，天明八年）一書中，提到了天明三年（一七八三）的秋天——

越後屋手代欲帶瀨川而去，謂揣千五百兩贖之，

圖 53《結合緣房糸》（尾上菊五郎著，文政六年）國會圖書館館藏

——這也就是說，吳服屋・越後屋的手代[72]為了替當時隸屬於松葉屋的全盛花魁瀨川贖身，花了一千五百兩。

雖說越後屋是大規模的豪商，但一介手代也不可能拿得出一千五百兩的鉅款。恐怕手代只是代理人，真正想為瀨川贖身的，其實是某位大名，或是越後屋的主人吧。

即便如此，一次拿出一千五百兩，仍然是相當驚人的數字。

高尾的一千兩、瀨川的一千五百兩，當然是較為極

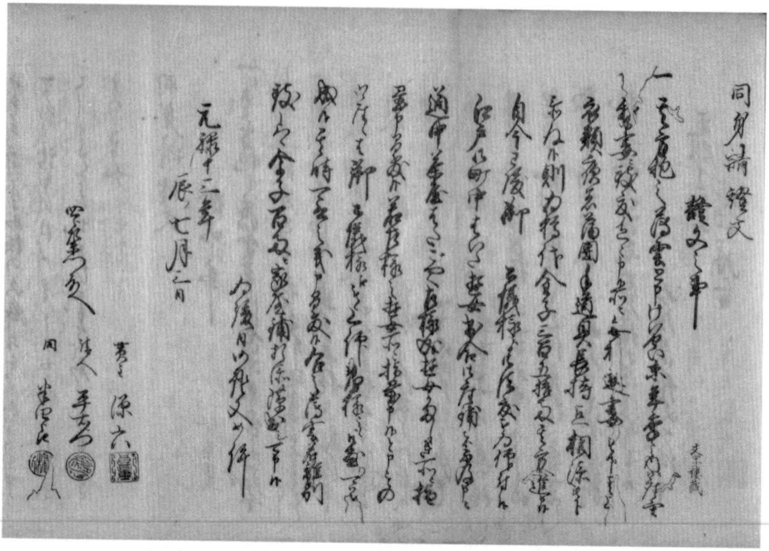

圖 54《花街漫錄》（西村藐庵著，文政八年）國會圖書館館藏

端的案例。但就贖身來說，花上數百兩可謂稀鬆平常。

能夠為遊女贖身的男人少之又少。但若能做到這一點，卻可最大程度地滿足男人的虛榮心。

另一方面，對遊女來說，只要有人願意為自己贖身，即使年季未滿也能脫離吉原，這等於搭上一座通往榮華富貴的玉轎。

花魁小紫幸得男子彌市為其贖身，圖53描繪了小紫正要踏出吉原的場景——

> 新造、禿和太鼓持[73]一行人浩浩蕩蕩地送至大門口，小紫乘上駕籠，彌市跟隨在後，離開花之廓。

——新造和禿雖然也來送行，但因

為沒有切手，所以無法走出大門，也因此有了圖53這樣的送行場景。

而且除了醫者乘坐的駕籠之外，其他駕籠是不被允許進入大門的。因此，即便是贖身這樣的喜慶之事，小紫仍然必須先走出大門，才能乘上駕籠。

此外，圖中可以看到位於大門左方的面番所。駐紮其中的，當然是町奉行所派遣而來的同心。能像這位小紫花魁一樣，僥倖獲得贖身的，只有極端少數的遊女得以有此際遇。

圖54是花魁薄雲贖身時的身請證文[74]。根據證文記載，贖身的時間是元祿十三年（一七〇〇），金額為三百五十兩。

## 幸或不幸

吉原遊女究其來歷，大多是貧窮人家的女兒。出生於不知名的農村，或是居住在江戶的裏長屋。貧窮的雙親透過女衒，將年幼的女兒賣到妓樓。這也代表遊女從事這份「職業」，並非出於自我意志。

日日夜夜，她們不得不委身於不喜歡的男人，等於是落入了被迫賣春的窘境。

並且，有不少遊女會在年季到期前就死於疾病，死亡時僅是二十幾歲左右的妙齡少女。由於經常和不特定多數對象發生性行為，幾乎百分之百會染上性病；也因為團體生活的環境因素，特別容易染上肺癆（肺結核）這類型的傳染性疾病。

這麼說來，遊女的境遇可謂不幸又悲慘。但是，另一方面，遊女的生活條件相較一般女性來說，可謂既奢侈又安逸。她們能夠享受一般庶民女性無法想像的物質水準，圖55即為其中一例。

圖55描繪來到妓樓兜售的吳服屋，正在向遊女展示反物[75]。

聚集於此的遊女們，眼睛閃閃發亮，完全沉浸在衣料之中：

圖 55《筆始清書冊史》（文尚堂虎　著，文化十五年）國會圖書館

「好美的花樣啊！」

「料子真好呢。」

如此這般，七嘴八舌地評論著。

當時，吳服屋會親自到府上兜售的對象，除了吉原遊女之外，就是江戶城，或大名屋敷府上的奧女中了。

吳服屋提供訂製和服的服務，並讓客人自行挑選反物的布料和花樣，也就是所謂的量身訂做。當然，價格相當高昂。

若是一般庶民想要添購和服，無論男女，通常都會前往古著屋[76]購買。生於裏長屋的女孩，或是貧窮農村的女孩，

圖 56《兩個女兒郭花笠》（松亭金水著，天保七年）國家圖書館館藏

要能夠親自挑選反物來訂做和服，根本是天方夜譚。

然而，遊女們卻能量身訂做。

如此這般，只要身為遊女，就能在食衣住各方面，過著裏長屋和農村女孩一輩子也無法想像的奢侈生活。

戲作《四季之花》（文化十一年）之中，一位出身貧農的遊女如此說道——

> 妾身自遙遠的農村賣身而來，還遇上願意接納我的好客人，意外搭上了贖身的玉轎。若繼續待在村裡，一輩子只能靠種田過活，被父母親賣掉還能出人頭地，這就是命吧。

如果留在農村，多半會嫁給同樣

貧窮的農民，一輩子種田為生。但是，被雙親賣掉的女孩，雖在吉原成為遊女，若運氣好，就能成為花魁出人頭地，甚至可能遇到財力豐厚的客人，願意出錢為自己贖身。

剛剛也曾經提到，只要成為遊女，就能在食衣住方面享受奢侈的生活。更重要的是，成為遊女之後，女孩們就不用繼續從事農務和家事勞動了。

在當時，女孩若留在農村，嫁給貧農之後，每天得為農務、家事、育兒，及公婆做牛做馬，過著被勞動追著跑的人生。同時，也必須滿足丈夫性方面的需求。光是生產、育兒、勞動，就過得精疲力竭了，身體也因此日漸衰弱，可能在五十歲左右步入死亡。但是，煮飯洗衣打掃，這一切的家務勞動，遊女通通不用做。

在圖56當中，花魁趴在三床棉被上，正在讓人按摩腰部。裏長屋和農村之女，絕無可能享受這樣的奢侈待遇。當然，圖中這三床棉被的厚度是顯得誇大了。

圖57描繪的，則是吉原一位名為志賀山的花魁被有錢的町人贖身之後，成為妾室之後的生活。簡單來說，就是她安樂的每一天。

根據本文敘述，妾所居住的宅邸之中，除了一位女中之外，還有兩名打雜的侍女。志賀山本身完全不需要從事任何家事勞動，過著安逸又快樂的每一天。根據女中和志賀山的對話——

圖 57《磯拵之癖》（十返舍一九著，文化十年）國會圖書館館藏

「泡杯茶一起吃飯吧？」

「有什麼好吃的嗎？」

——志賀山可以一邊看書，一邊漫不經心地說著這些話題。

不過，只要老爺過來，志賀山就必須使出渾身解數，務必在性方面滿足老爺的需求。

那時一個女人的人生到底是哪一種比較不幸，是留在農村，還是被賣到吉原當遊女呢？

根據戲作《傾城禁短氣》（江島其磧著，寶永八年），遊女贖身後成為妾室，也有可能發生這樣的事——

厭倦之後，給她點錢，讓她嫁到其他家督去吧。

——被贖身的遊女，一旦被丈夫厭倦就完了。

當時只要有嫁妝，願意娶妻的男子到處都是。

「家督」就是家或家業的意思。丈夫厭倦了買來的妾，就把她隨便塞給其他男人。考慮到這一點，或許圖57的志賀山，也不一定能過上一生安泰的日子。

---

45——當時的轎子，形狀像一個籠子
46——契約年限
47——契約書
48——江戶時期在驛站向旅行者提供食宿的旅店
49——原文：勤め
50——一種日本樂器，用兩片硬木或竹製成，互相拍打以發出聲響
51——透光拉門
52——不透光拉門
53——江戶時代的巳時也稱為晝四，指的是早上九點到十一點。當然，早飯也是從巳時開始供應
54——日文原文：會場食
55——日文原文：部屋食
56——日文原文為「台の物」，用有四隻腳托台盛裝的山珍海味
57——祝宴中用來放置菜碟或碗的器具
58——江戶時代在祝宴上使用的食器，通常是羊羹、寒天果子等甜食，或是較為容易保存的小菜，如牛蒡或小魚佃煮

59——漢方醫學的派別

60——江戶時代醫生的髮型，把所有頭髮往後梳成一個短短的馬尾，形似荸薺，也稱作「慈姑頭」

61——將蔬菜或肉類以砂糖、酒、醬油和味醂熬煮而成的料理，滋味濃郁。瓔珞紋飾的帶蓋茶碗裡，還有淋了醬油的古茄子漬物

62——一種用於茶道的棚架，所有「棚」都有其來源及故事，數量高達六十多種

63——即午時～申時

64——即酉時～丑時

65——歌牌

66——同「雁」

67——日本的傳統女性內衣，為覆蓋下身的長布

68——一種使用平織手法製成的絲織品

69——折成方便攜帶的尺寸的和紙。由於日本古代和服沒有口袋，因此通常將其夾入在胸口以便隨時取出

70——江戶時代，男人結髮剃鬍的店鋪

71——古代的大鍋

72——吳服屋的員工，地位低於番頭，高於丁稚，算是中階工作者

73——即幫間

74——贖身時，向官府報備取得的證明文件

75——最原始的和服布料

76——二手衣物，當時古著這個詞應該還沒有現代的復古意涵

# 第四章

# 遊女的工作

圖 58《清砥稿花紅彩畫》（河竹新七著，文久二年）國會圖書館館藏

# 花魁道中

一聽到吉原這兩個字，許多人可能會立刻聯想到「花魁道中」。

不過，人們對花魁道中誤解甚深。之所以產生誤解，主要來自於「道中」這個詞彙。

一接到客人的委託，花魁會帶著新造和禿，前往引手茶屋迎接客人；接著一行人再一起從引手茶屋回到妓樓。兩者皆可稱作道中[77]。但是，這樣的狀況不會被稱為花魁道中，就只是一般的道中而已。

準確來說，所謂「花魁道中」，應是花魁遊行之意。

吉原除了是男人尋歡的遊廓，同時也是

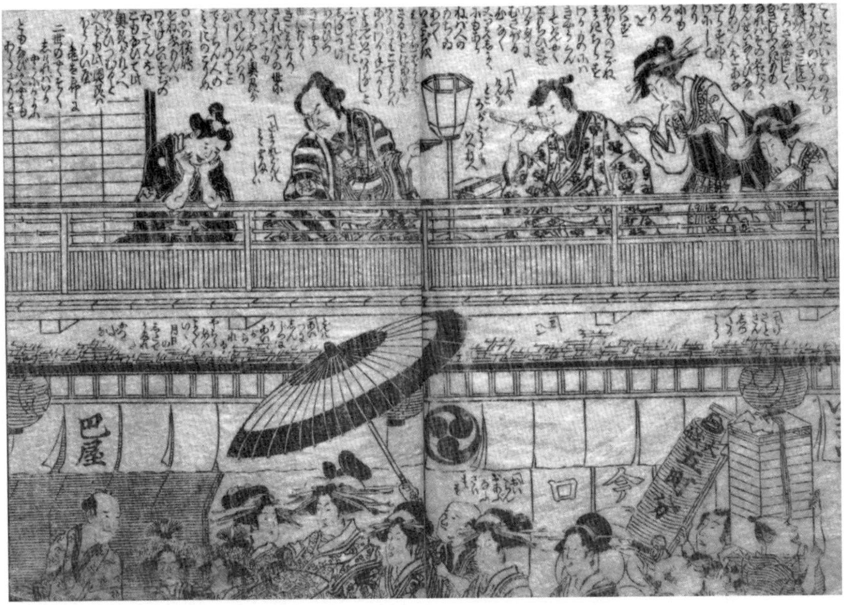


圖 59《金神長五郎忠孝話》（式亭三馬著，文化六年）國會圖書館館藏

江戶的觀光地之一。男男女女以參觀為目的造訪吉原。對這些觀光客來說，他們最想看到的、最欣賞的，就屬圖58的花魁道中。

花魁道中是吉原觀光的重頭戲，可謂是吉原最重要的觀光資源。

在圖58當中，率先走在前頭的兩人，一位是手提箱提燈的年輕男子，另一位則是年幼的禿。另有一位年輕人負責撐長柄傘，傘下的女子即為花魁。隊伍的後方，則由年長的遣手婆殿後。

一行人整裝完畢之後，出發前往吉原大道「仲之町」遊行。這就是所謂的「花魁道中」。

圖59則描繪一群人從引手茶屋二樓，觀賞仲之町上花魁道中的行進隊伍。參觀花魁道中不需要花費任何金錢。因此這群人特地來到引手茶屋，一邊喝酒一邊欣賞，可謂最奢侈的享受方式。

那麼，當時的人們究竟帶著什麼樣的眼光眺望花魁道中，又懷抱著怎麼樣的興奮之情？

幕末時期，有一位名為牟田文之助的佐賀藩士，他花了大概兩年左右的時間，遍遊諸國並進行武者修行。《諸國迴歷日錄》就是他詳細記載旅途過程的一本旅誌。這位牟田文之助，一般被視為「硬派」人物。這樣的他，卻也對參觀吉原頗感興趣。

文之助旅居於江戶時，就曾於安政元年（一八五四）三月三日，跟著其他佐賀藩士來到吉原，一睹花魁道中的風采。

《諸國迴歷日錄》對花魁道中的描寫，不僅難掩其興奮筆觸，也因文之助並非文人之故，所以文章中出現許多假借字和錯字，甚至使用了奇妙的漢字表記。因此，接下來將以更容易理解的方式，將內文以現代文的方式翻譯呈現。

花魁道中完全是一場華麗的遊行。以花魁為首，除了兩位禿之外，還有多名下級遊女也跟著走在隊伍當中。年輕小廝撐著高高的長柄傘隨侍在側。花魁腳踩著高聳的全黑三齒木屐，緩慢優雅地前進。她的頭上前後左右都插滿了髮飾，身著豪華絢爛的和服，簡直宛若天女下凡。

文之助的文字，流露出他觀賞花魁道中時的興奮之情。他的描寫與圖58、圖59的描寫相去不遠。顯示出文之助觀看花魁道中時，有多麼熱心觀察。

紀州藩德川家的下級藩士酒井伴四郎，他於萬延元年（一八六〇）五月底來到江戶，並居住在藩邸內的長屋。根據他的著作《酒井伴四郎日記》所述，七月十六日，伴四郎和其他藩士共五人，一起前往吉原參觀花魁道中。

江州堅田（滋賀縣大津市）藩的庄屋[78]錦織五兵衛也曾於元治二年（一八六五）三月，因公（訴訟）滯留在江戶大約數月。在五兵衛的《東武日記》當中，也描述了三月二十六日當晚，他和幾位同伴一起到吉原觀光的情景——

新吉原夜中，風景道中櫻花滿開，數萬燈宵懸掛，美不勝收、難以形容，如日正當中。

三月一日當天，植木屋[79]會為吉原帶來許多連根櫻花樹，並種植於仲之町。到了三月底，再把所有櫻花樹運出吉原。另外，當時栽種的櫻花並非染井吉野櫻，因此盛開的時間相當長。

也就是說，每年三月，都能在吉原的仲之町，觀賞到櫻花盛開的美景。

另外，五兵衛特地將「道」寫為片假名的「マチ」，其目的在指向吉原的大道「仲之町」[80]。

圖 60《全盛自筆三十六花撰 稻本樓》（落合芳幾著，明治二年）都立中央博物館館藏

櫻花樹下的花魁道中最是華麗。特別是當雪洞[81]的柔和燈光映照於夜櫻時，其下緩緩行進的花魁道中，實是美得令人喟嘆。牟田文之助造訪吉原的日子，正好是三月三日，因此他觀賞到的花魁道中，正是映襯在櫻花樹下的絕佳美景。不過，他看到的是白天的光景。

另一位酒井伴四郎眼見花魁道中之時，則是與櫻花無緣的時節。庄屋・錦織五兵衛所見光景則是吉原的夜櫻。根據他「如日正當中」此一描述，可以想見懸掛的提燈有多麼海量。

順帶一提圖58中，花魁腳上穿的是一種顏色漆黑的木屐，高達五到六寸左右（約十五～十八公分）。花魁道中遊行之時，花魁正是穿著如此高的木屐，踏著被稱為外八文字的獨特步伐，緩步前進。

當然，沒有經過練習，是無法踏著這樣的步伐行走的。因此圖60描繪的，正是一名穿著高跟木屐的花魁，在妓樓走廊練習外八文字的樣貌。

## 未滿十八歲也能接客

圖61這幅畫作，描繪的是山本屋的花魁．勝山的道中風景。

這裡的道中指的並不是「花魁道中」。而是勝山應客人之邀，正在前往引手茶屋的途中。只要成為花魁，走到哪裡都會跟隨著許多同行者。

圖中，走在最前面的是禿，接下來是勝山花魁。花魁後頭跟著兩位新造和另一名禿，最後則由遣手婆和年輕小廝殿後。根據勝山道中的背景所見，吉原的日常實是相當熱鬧。

最右邊那位是蕎麥屋的外送人員。旁邊是藝妓和抱著三味線的年輕人，他們應該正在趕赴妓樓酒席的途中。左邊那位正在吹笛的人，則是按摩師。從他拄著拐杖這一點來看，他應該是一位盲人。

焦點回到勝山身上。根據圖61的設定，此時的勝山花魁年僅十六、七歲。十六、七歲就晉升為上級遊女的花魁，實在令人難以置信。《犬著聞傾城龜鑑》（墨川亭雪麿著，文政十年）這本戲作的描述，恐有誇大之嫌。

不過，雖說戲作屬於虛構文學，當時的作者大多曾經親自造訪過吉原，使讀者對吉

圖 61《犬著聞傾城龜鑑》（墨川亭雪麿著，文政十年）國會圖書館館藏

原也相當熟悉。由此推測，書中內容應具備一定的可信度。

回過頭來看現代社會。根據法令規定，與未滿十八歲之人性交，在法律上是被禁止的。且即使是販賣性的風俗業界，即便本人有意願從事性交易，雇用未滿十八歲的女性，在法律上仍屬違法。

不過，江戶時代在性方面，並沒有和年齡相關的規制。

吉原妓樓會買下十歲左右的女孩，讓她們作為「禿」在妓樓中學習。到了十四、五歲左右，便會晉升為下級遊女，稱作「新造」。成為新造的少女，只要初經一來，就需立刻開始接客。

這麼說來，新造在十四、五歲正式出道成為遊女時，雖然只是下級遊女，但只要人氣夠高，馬上就能晉升為花魁並出人頭地。

新造和花魁等級不同，收取的揚代也有天壤之別。所以只要是受歡迎的遊女，不論年齡都可立刻提拔為花魁，對妓樓來說更有賺頭。

從這個意義上來看，吉原遊女不採年功序列制，而是全靠實力來競爭，是紮紮實實的實力主義社會。這麼一來，圖61的勝山能在十六、七歲的年紀當上花魁，也許就沒有什麼好奇怪的了。

那其他以吉原為背景舞台的戲作作品，又是如何？

《傾城買四十八手》（山東京傳著，寬政二年）
「濃情密意」之章的花魁是十六歲
「被看透」之章的花魁約二十歲左右
「真實」之章的花魁是二十二、三歲

圖 62《跡著衣裝》（十返舍一九著，文化元年）國會圖書館館藏

《傾城買二筋道》（梅暮里谷峨著，寬政十年）
「夏之床」的遊女是二十一、二歲
「冬之床」的花魁是十七、八歲

從上述舉例的戲作當中，可以看出遊女們都是年紀輕輕的女孩子。

《吉原徒然草》（元祿末期～寶永初期）一書的作者，本身就是妓樓樓主，他在書中寫道——

女郎的全盛期自十七至十九、二十，水揚後七年，廿三四一過便謂枯萎，此為無疑之事。

——根據敘述，遊女的全盛期在十七到十九、二十歲左右，水揚儀式之後七年，一旦年紀過了二十三、四歲，就開始走下坡了。這也代表，遊女在吉原耗盡了青春，直到年季期滿。

圖62是花魁瀨喜川前往引手茶屋的道中模樣。

一行人由前至後，分別是禿、新造、瀨喜川、禿、新造，最後是遣手婆。書中設定花魁．瀨喜川的年齡為十六歲，這在當時來說，似乎是相當合理的歲數。總括來說，江戶時代是一個可以公然嫖妓的社會，對象還是十六歲的高級娼婦。

而且，當時記載的年齡都是虛歲。記錄上的十六歲，以現代來說可能只滿十五歲。根據出生月日的不同，有些人甚至不滿十五歲。

## 輪流接客的弊病

昭和三十三年（一九五八）四月一日，賣春防止法開始完全施行，日本的遊廓制度終於畫下句點。換句話說，昭和三十三年三月底之前，吉原遊廓仍然實際存續於日本。

在《全國遊廓案內》（日本遊覽社，昭和五年）的〈遊廓語書籤〉一文中，針對「輪流制」定義如下——

> 也稱為輪流花制。意指一名娼妓同時接待兩名以上的客人，依照順序一位接著一位接待。

這裡的娼妓，指的就是遊女。另外，同一本書中提到「東京吉原遊廓」的特色，敘述如下——

> 登樓之後全部採輪流制，據聞這就是所謂的東京方式。

進入昭和之後，吉原的「輪流制」似乎開始成為常態，甚至還出現「東京方式」這樣的名稱。

回到正題，江戶吉原普遍採取的「輪流制」，也就是現在所謂的雙重預約。不管是不是同一時間，妓樓都要遊女持續不斷地接客。

同時接待複數客人的遊女，只要收了錢，就不得不輪流為客人提供服務（性行為）。然而，這個制度往往導致一種狀況，那就是永遠都有好幾位客人被晾在一邊。

以客人的角度來說，遊女如果有來，代表自己「受歡迎」。但若遊女始終沒出現，就是「被甩了」。圖63描繪的這位仁兄，就是等遊女等到打哈欠的客人。

圖64這位等到心很累的男客，則開始喃喃自語——

「好啦，也不知道要等多久。乾脆先來玩一下很久沒玩的疊算好了。」

——他口中說的疊算，是占卜的一種。

古典落語《五人輪流》用滑稽搞笑的方式描述了被甩的男子。受此影響，開始有了將輪流制朝搞笑又搞怪的方向解釋的傾向。

「不受歡迎的男人，就算到吉原，也沒人要啦！」

是否令人忍不住發笑呢？

圖 63《穴可至子》（富久亭三笑著，享和二年）國會圖書館館藏

江戶的人們也一樣，當他們看到圖63和圖64裡面「被甩」的男客，也是忍不住偷偷地笑了出來。

不過，讓我們先思考看看，如果把這個輪流制套用在現代風俗店上，會發生什麼事情。假如有一位A男來到某間風俗店，他選擇了七點到八點的一小時服務，並先在櫃台結了帳。可是他點的風俗孃除了自己以外，還需要接待另外兩位客人。

導致該位風俗孃實際服務A男的時間，大約只有二十分鐘左右。二十分鐘一到，她立刻離開A男，前往客人B助的房間，而且一去就沒有回來了。就這樣到了八點，服務時間到此結束。事實上，風俗孃因為相當中意B助這位客人，因此她把剩下的四十分鐘都花在B助身上了。

從A男的角度來看，他至少還得到了二十分鐘左右的服務，但第三位客人C太就沒這麼幸運了。風俗孃只在一開始到C太的房間露個臉，然後就再也沒出現過。

也就是說，三位客人各自購買了一小時的玩樂時間，其中A男和風俗孃一起度過的時間僅有二十分鐘，C太則是付了錢卻什麼都沒有得到。

理所當然地，A男非常不爽，C太更是暴跳如雷。

也難怪C太會氣成這樣，輪流制就是一種不合理的制度。特別是「甩掉客人」的這種狀況，根本違反商業道德，說是毫無誠信的詐欺行為也不為過。

圖 64《伊呂波歌二巴紋》（志滿山人著，文政七年）國會圖書館館藏

然而在這樣的制度之下，若是遊女「甩掉」客人，也難以將問題怪罪到遊女身上，指責她任性怠慢客人。畢竟從遊女的角度來看，同時服務複數以上的客人，身體實在吃不消。把男客「甩掉」這件事情本身，某種程度對遊女來說是一種自我防衛的手段。輪流制只是妓樓為了提高營業額，強迫遊女過度勞動的一種手段，對遊女可是極端苛刻的制度。

另一方面，這同時也是一個必定會引發客人不滿的制度。因為必須輪流，一定會發生客人遲遲等不到遊女而怒氣橫生的狀況，實在是相當不近人情的錯誤決策。江戶妓樓的經營方針，是導致此一狀況的元兇。輪流制不只是吉原的惡習，甚至可以說是整個江戶花街的惡習。

根據紀州藩醫師的江戶見聞錄，《江戶自慢》（幕末）所記載——

娼婦有一種稱為輪流的制度，一位女郎一個晚上同時接待兩到三四個客人，從那邊到這邊、這邊到那邊依序輪流，上了又下、下了又上，就像一艘渡船……

這位醫師把江戶的輪流制，形容為「像一艘渡船，上了又下，下了又上」，來表達他對此有多麼驚訝。

他之所以如此驚訝，也是由於京都、大阪等上方[82]的遊廓，並不存在輪流制。不只江戶時代，即便到了昭和時代，吉原也如前述一般，仍舊實施著這種被稱為「東京方式」的輪流制度。

## 割床和名代

在江戶花街的習慣和制度當中，現代人最難接受、或說最難忍受的制度之一，大概就是割床了。

所謂的割床，就是和別人共用一個房間的意思。

在房間裡放上一扇屏風或衝立[83]來隔間，並在每一個空間都鋪上一床棉被，遊女和客人就在這裡進行性行為。

雖然視線被擋住了，可是人或東西發出的任何聲音，都能聽得一清二楚。不止能聽到隔壁兩人的對話，就連女人「啊啊、好棒、要去了、去了」的淫聲浪語，都會直接傳到耳裡。不要說傳到隔壁，基本上只要發出任何聲響，都會直接傳遍整個房間。

用現代的風俗店來比喻，就像是在很窄的房間裡面並排著幾張床，而且僅用窗簾來隔間，然後客人和風俗孃就在房間內的床上玩樂。

客人看到這種風俗店，必然敬而遠之。這對風俗孃來說，也肯定是相當惡劣的工作環境。

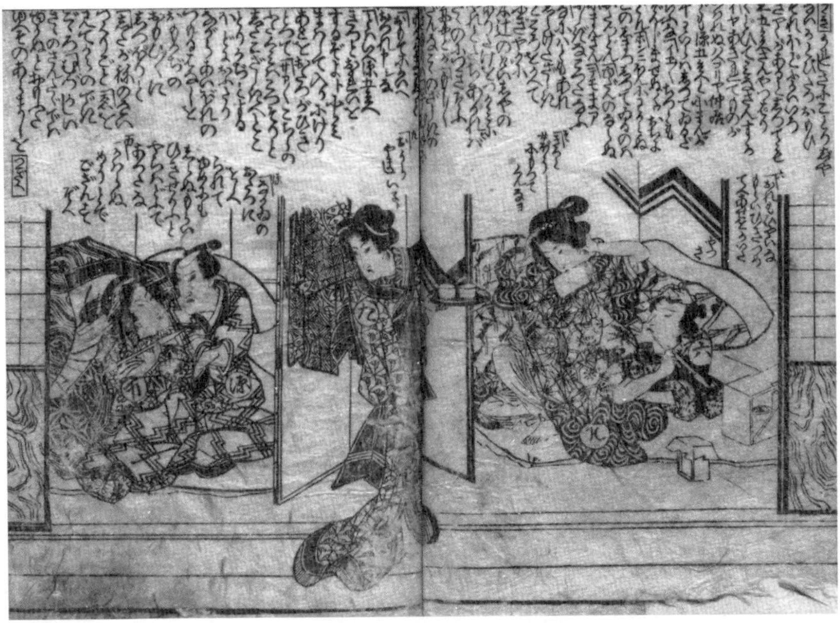

圖 65《惠方土產梅炑植》（欣堂間人著，文政五年）國會圖書館館藏

不過，在江戶時代的遊廓當中，割床卻是再理所當然不過的事情。不僅限於江戶，無論是庶民街上宿場的女郎屋，還是日本全國各地的遊廓，都存在著割床的習俗。

即便身處高級的吉原遊廓，也因為新造是下級遊女，沒有自己的房間，只能在被稱為「輪流部屋」的大房間接客，和其他遊女割床。

而花魁因為等級最高，擁有自己的房間，所以能在個人的房間接客。話雖如此，仍有例外。當花魁同時接待兩位以上的客人時，她只會將最重要的客人迎接到自己的房裡，其他客人則是帶到輪流部屋接待。

於是，位居花魁也不能免俗，

圖 66《鶏茶曽我》（支全交著，安永九年）國會圖書館館藏

需在輪流部屋裡面，以割床的形式和另一個客人上床。

在圖65當中，可以看到兩組男女（男客人和遊女）中間僅一扇屏風區隔，幾乎等於同床共寢。當然，面向走廊的拉門沒有拉上，是因為繪師意在將房間內部的狀況，完整地呈現在讀者眼前。

無論發出任何聲音，都能聽得一清二楚，但也可能因受到隔壁的刺激，而更加興奮，反而帶來了不錯的加乘效果。

圖66描繪的也是割床的情景。左邊那位客人似乎正在和遊女爭吵。聲音大到他們爭吵的具體內容，連旁邊的人都能聽得一清二楚。

圖 67《明烏雪惣花》（山東京山著，文政八年）國會圖書館館藏

話題回到花魁身上。剛剛曾經提過，因為吉原花魁需輪流接待複數以上的客人，因此只會將最重要的客人迎接到房間內，其他客人則必須在輪流部屋與其他組客人割床。

圖67描繪的便是花魁房間的景象。床鋪中的那位客人，正在等待花魁的到來。在床鋪旁邊陪伴客人的，是被稱為「名代」的新造。

所謂的名代，是指花魁還沒有空接待客人時，負責協助接待的遊女。

「妾身過去之前，麻煩妳先接待○○客人。」

花魁會如此交代。名代通常由下級遊女的新造擔任，是吉原特有的制度之一。

圖 68《欠題豔本》（鳥居清長著，天明三年左右）國會圖書館館藏

不過，雖然名代需先替花魁「接待」客人，也僅止於「聊天對象」，千萬不能成為「性方面的對象」。這是不可違反的鐵則。

如果名代被發現與客人上床，擔任名代的新造將會受到相當可怕的體罰。

但是，這樣的狀況對客人來說並不好受。

眼前有一位十六歲左右的年輕新造，兩人單獨在房裡度過一段時間，但自己卻不能對她出手。

思及此，吉原的名代制度究竟是殘酷，還是醜惡呢？

在一些春宮畫當中，描繪了男客和擔任名代的新造性交的場景。圖68即為其中一個例子。在這張圖中，新造一邊抵抗，一邊哀求——

「如果被花魁知道就不好了，饒了妾身吧。」

然而，畫中男人並不理會新造的抵抗，似乎想要強行插入她的身體。畢竟，春宮畫就是為了實現男人的想像而存在的產物。

順帶一提，這是題外話，圖67當中最右邊那個男人，是來幫行燈添油的守夜人。妓樓有個規定，只要房間裡有客人，就要點燈一整晚，不能讓房間陷入黑暗。為此，守夜人必須在半夜一一巡邏，為房間的行燈添油。

# 光顧三次才能上床是訛傳

對遊女來說，與客人第一次見面稱為初會，也就是初次會面的客人。第二次見面則稱為返裏，也就是再次和同一位花魁見面的意思。第三次見面時，該位客人將會成為熟客。

據傳，吉原遊女心高氣傲，會大擺架子。

「初會時，遊女幾乎不理睬客人。再次會面時，她才展露笑容並和客人聊天，但還不會和客人同床共枕。直到第三次見面，客人便能成為遊女的熟客，她將會允許客人的碰觸……」

直到今天，這樣的說法仍然散見於江戶時代相關的書籍之中。也因此，似乎有不少人相信，和遊女「第三次見面才能上床」的說法。

事實上，沒有任何證據可證明「第三次見面」的說法，僅是空穴來風。許多人不經查證便流傳開來，算是吉原的都市傳說之一。

請以常識來思考看看。視野不要僅侷限於吉原的妓樓，而是擴大到整體的服務業來考量，或許更容易進入狀況。

如果你到一家以提供服務為主的店鋪消費，錢都付了，卻沒有得到應有的服務，還被趕出門外，任何人都會氣得大聲抗議吧？可是店鋪卻告訴你：

「這是我們的規矩，第二次也只收錢，不提供服務，但第三次之後，我們一定會全心全意地款待您。」

真的有男人會接受這個回答，還去白花第二次錢，並滿心期待第三次嗎？不，客人一定再也不會光臨這家店了。

江戶時代的男人也一樣。

客人花錢登樓，和遊女見面，然而遊女卻完全不理會客人，一陣子之後，甚至還突然臭著臉離開了。結果客人付了揚代，卻不得不受氣離開，如果妓樓真的這麼做生意，不管來店的是武士還是庶民，都會強烈抗議吧？至少，他們一定再也不想去那家妓樓消費了。這麼做的妓樓，遲早會面臨倒閉的命運。可見「第三次見面才能上床」這種買賣是不可能成立的。

以吉原為舞台的戲作相當多，無論是哪一部作品，男客和花魁都是初會就能同床。當然，先前的章節也曾經提到，因為「輪流」制度的關係，的確有客人會遲遲等不到遊女。但是，第三次見面才能跟遊女上床，可是無稽之談。

根據《色道大鏡》（畠山箕山著，延寶六年）一書的描述——

無論初會、再會都應該上床，她卻完全不積極……（中略）……這樣一來，客人也不會繼續光顧，是女郎的疏失……

據此，可以看出敘述者認為，遊女從初會開始就必須提供性方面的服務。且該名遊女在初次會面時，便惹得客人不愉快，沒有辦法抓住客人的心。這一點則被視為遊女本身的疏失。

上述評價極為合理。該評價的合理性，相信不僅適用於江戶時代，也適用於現代社會。

在《古今吉原大全》（明和五年）一書中，也能找到類似的記載——

常言道，初會沒有在床上有始有終是顧客之恥；客人不返裏是女郎之恥。

——根據這段記載，若遊女沒能在初會的床笫之間滿足客人，無法擄獲客人的心讓他再來，即是遊女之恥。相信這對遊女來說，也是最基本的手段吧。

不過話說回來，為什麼會出現「第三次見面才能上床」這麼奇怪的吉原傳說呢？這個傳聞恐怕來自於寶曆時期之前，吉原仍然存在揚屋制度和太夫的時代。

太夫的入幕之賓，通常是大名這樣身分高貴的上級武士，或是浪擲千金的豪商，他們是一群憑藉著自身地位和金錢為所欲為的男人。太夫經常需要在初會的酒席當中，面對這些目中無人的男人。有時，太夫可能一氣之下，就直接離開揚屋回去妓樓，沒有提供上床的服務。然而，從被甩的武士和豪商的角度來看，太夫這樣的態度反而讓他們覺得既新奇又有魅力。再加上可能也有意氣用事的成分，即便在初會吃了苦頭，還是持續光顧太夫三次。如此一來，太夫也能被這樣的堅持打動，同意同床共寢……

或許人們炒作了類似的插曲，經過加油添醋之後，最終成為了現在的吉原傳說。舉例來說，在戲作《好色二代男》（井原西鶴著，貞享元年）一書中，可以讀到吉原仍實行揚屋制度時所發生的一段故事。

有一位叫做津田的男子來到揚屋，並要求吉野太夫前來作陪。到達揚屋的吉野僅喝了幾杯酒、說幾句話之後，丟下一句「明天請早」，就起身回妓樓了。隔天，津田再次來到揚屋，一樣請吉野太夫前來作陪──

一旦熟稔起來，女郎亦一改昨日，她含情脈脈、眉眼含笑地陪侍入床，耳鬢廝磨之際，幾度歡會，甚至達五至七次。

──根據敘述，雖然初會時，津田沒能與吉野同床共枕，然而再見面，兩人便度過了一段激烈交纏的時光。或許，這是太夫為了使客人心癢難耐，在初會時特意吊客人胃口的手段。

不過，雖然找到了初會沒有同床的實際例子，但這完全不是吉原慣常的做法。

圖69描繪了初會時，一對交歡後的遊女與男客。遊女如是說——

「下一次，請您自己一個人來。」

——她正透過這樣的溫言軟語，來討男客的歡心。看來男人是被朋友帶來的，他應是初次光臨吉原的妓樓。這一刻之後，想必男人一定會再次前來相會吧！是的，正是從初會開始，這位男客的心便已成為遊女的囊中之物。

戲作《色講釋》（十返舍一九著，寬政十三年）描述了水狂和辰三郎這兩位男子好幾次前往吉原的情節——

水狂、辰三郎帶著茶屋和船宿一千人等，一起到吉原的大見世過夜。當然，是初會。雖然還有宴席等諸多事宜，他們卻全數省略，直接帶著遊女上床。

——如此這般，兩人帶著引手茶屋的年輕小廝、船宿工人，一起到大見世過夜。即使是高級的大見世，也是從初會開始，就能與遊女共享床笫之歡。

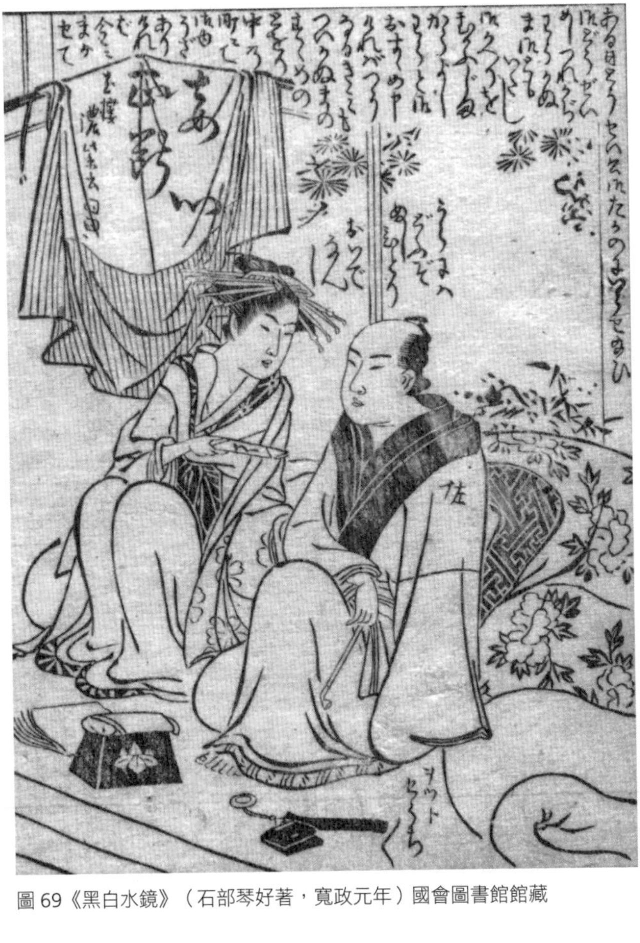

圖 69《黑白水鏡》（石部琴好著，寬政元年）國會圖書館館藏

圖 70《逢夜鳫之聲》（歌川豐國，文政五年）國際日本文化研究中心館藏

圖70這位花魁為了討男客歡心，在交歡時對男人說道：「才第一次見面，您就惹得妾身心慌意亂，實在羞恥」。儘管是第一次見面，花魁正在告訴客人，自己是多麼享受對方帶來的高潮快感。當然，花魁嘴上這麼說，心裡搞不好正在扮鬼臉呢。

題外話，這張畫作中，花魁頭上插滿了各種髮飾，相當誇張。事實上，花魁與客人同床時，會事先將所有的髮飾摘除。

## 遊女心目中的好客人

在《我在泡泡浴樂園當黑服》（玉井次郎著，彩圖社，二〇一四年）一書當中，曾提到泡泡浴風俗孃最喜歡的客人特徵——

最喜歡的是陰莖短小、早洩又溫柔的人。

——這，就是風俗工作者最喜歡的客人類型。上述三個條件，也能完全適用於江戶時代。

吉原遊女也一樣，最歡迎陰莖短小、早洩又溫柔的男人。這樣的男人，就是遊女心目中的貴客。

箇中關鍵在於這類客人對遊女來說，接待起來最為輕鬆。因為陰莖短小，插入的動作相對簡單；早洩則是很快就會射精，性事能在很短的時間內結束。若是再加上個性溫柔，如此在進行輪流制時，就算被晾在一邊許久，也不會馬上就發火吼人，更不會事事找碴。

圖 71《出謗題無智哉論》（東里山人著，文政八年）國會圖書館館藏

另一方面，遊女最討厭、心裡最藐視的，是那種半瓶醋響叮噹的客人。圖71描繪的就是這種客人。遊女的眼神似乎透露著嫌棄和輕蔑的神情。

所謂的半瓶醋響叮噹，指的是不懂裝懂、一天到晚吹牛的男人。也就是那種總把「喂，我可是江戶之子」掛在嘴邊，自滿於出生江戶，到處說大話、處處吹噓自己對吉原有多了解的輕薄男子。

吉原遊女究其來歷，大多出生於不知名的農村，人人皆是貧窮人家的女兒。由於家境貧困，遭到被父母賣身的命運，被迫成為遊女。因為大多有著類似的身世，因此對她們來說，一天到晚把「喂，我可是江戶之子」掛在嘴上，白目又愛吹噓的男人，總是讓人一肚子火。

而且這種自稱江戶之子的客人，愛吹噓就算了，如果還意外地相當吝嗇，就更讓人看不起了。

遊女私底下也會藉由說男人的壞話，來消除心中的不滿。例如：

「哼，那個半瓶醋。」

話說回來，雖然陰莖短小、早洩又溫柔的男人相當受遊女歡迎，但也僅止於受歡迎的「客人」，與遊女本身的戀愛情感無關。

在客人當中，遊女真正愛上的男人，一般稱為「間夫」或「情男」。遊女無論買賣，都不得不委身於為自己出錢的男人。因此，遊女相當憧憬真正的戀愛。

所謂的間夫，就是能夠進入遊女內心深處的特別之人。

另一方面，對男人來說，能成為吉原遊女的間夫，可以說是最有面子的一件事。

在戲作《廓之櫻》（梅暮里谷峨著，享和元年）當中，樓主如是說道——

即便行儀嚴謹的武家屋敷，明知危及性命，仍然彼此相戀，這種孽緣要多少有多少。更甚者，此為色慾橫生之廓，若不能享受被愛與愛人的樂趣，又如何能支撐得下去呢？

圖 72《忠臣狸七役》（十返舍一九著，文政十一年）國會圖書館館藏

──即便行禮嚴格的武家屋敷，密會亦不在少數，更何況是吉原。遊女也因為擁有戀愛情事，才能繼續支撐下去。從樓主的說法來看，等於認可了間夫的存在，甚至鼓勵遊女擁有間夫。

換句話說，間夫成為了遊女的生存價值。若遊女因此更有動力辛勤工作，妓樓也不會阻止遊女和間夫來往。

但是，這樣的狀況能夠成立，只在間夫對遊女有激勵作用之時。

樓主和遣手婆會在暗中持續默默觀察。如果他們發現遊女沉溺於間夫的情網，而以敷衍的態度對待其他客人，便會立刻破壞兩人的關係，並拒絕男子登樓。

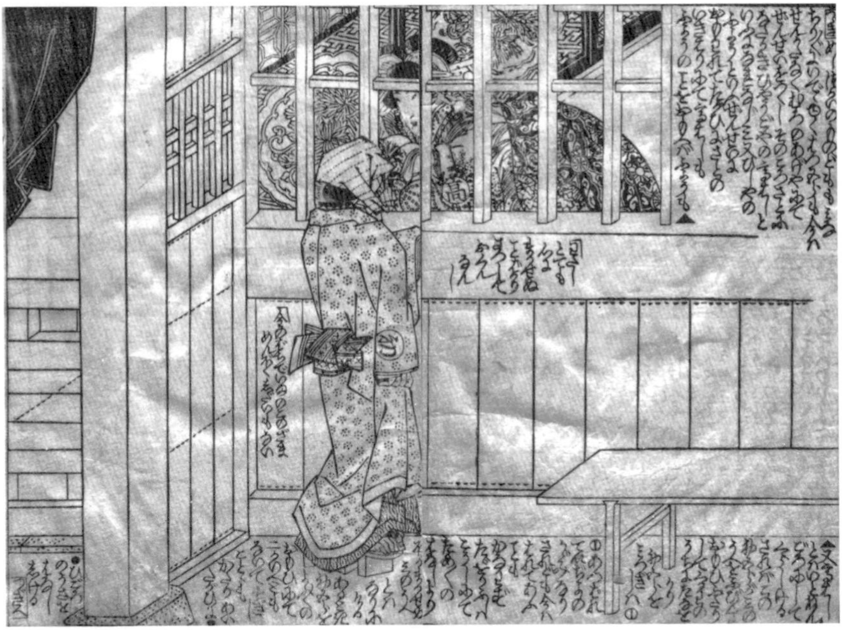

圖 73《情競傾城嶌》（坂東秀佳著，文政九年）國會圖書館館藏

也就是說，妓樓會使盡一切手段，讓兩人無法見面。

圖72描繪的正是遊女和間夫偷偷見面的場景。

由於間夫無法正式登樓，為了和遊女見面，他偷偷潛入了妓樓，地點在二樓男用小便池旁邊的房間。

此外，圖73描繪了在張見世的格子窗下，間夫和遊女隔著格子窗，互訴情衷的場景。為了避人耳目，間夫把手拭巾披在頭上，說道——

「因為沒錢，只能用這樣的方式見面。實在沒臉見人。」

「我也一樣，無法隨心所欲。

請明白我的難處。」

如此這般，兩人上演了一場被現實拆散的無奈悲歌。

男子因為付不出登樓的費用，無法正式登樓。只能趁張見世之時，以這樣的方式和遊女說上幾句話。由於遣手婆和樓內小廝隨時監視著他，因此他也無法仿效圖72，偷偷潛入妓樓和心儀的遊女會面。

遊女雖然想借錢讓男子登樓，但被遣手婆禁止，無法得償所願。兩人的身分雖是男客和遊女，然而本質上，也不過是普通的男人和女人罷了。

## 徹夜未歸

古典落語有一段叫做《木乃伊取》的段子。

某商賈的年輕當家一進入吉原某家妓樓，就此一去不回，再也沒有回家。

他沒有離開，一直留在妓樓裡面。

當家因此命令番頭[84]前往迎接，結果連番頭也一去不回。正所謂「去找木乃伊的人自己也變成木乃伊[85]」，救人不成反被害。

最後，當家改派鳶頭[86]前往吉原，然而這次連鳶頭也沒有回來覆命……

這個故事有著落語特有的誇張性質，本身就是一則詼諧的笑話。「去找木乃伊的人自己也變成木乃伊」雖是相當極端的說法，但去了吉原之後徹夜未歸，卻是真有其事。

從圖74當中，可以看到徹夜未歸的男客在妓樓中的樣貌。畫中男人手上拿著房楊枝。所謂的房楊枝，就是江戶時代的牙刷。旁邊禿端過來的那碗水，就是讓男人漱口用的水。

圖 74《團扇張替》（磯川南嶺著，文政四年）國會圖書館館藏

這幅畫描繪的是男人與遊女共度一宿之後，隔天早晨的日常光景。男人預計一大早就離開，卻突然下起傾盆大雨。他不得已只好留在妓樓等待雨停，等著等著，就到了午餐時間。

男人相當懂得察言觀色，正要去點鰻魚外送到妓樓時，遊女對他說道——

「請不要有無謂的顧慮，妾身與您來往並非為此。妾身會為您張羅美味菜餚，作為午飯的配菜。」

遊女竟然勸男人不要浪費錢，午飯的配菜由她張羅就好。聽到這樣的話，任何男人都會胸口一熱吧！

圖 75《道具屋十七兵衛》（三巴亭著，文政元年）國會圖書館館藏

彷若夫婦，或是戀人一般地，共享午餐時光。然後連晚餐也一起享用，就這樣留下來共度良宵。

這就是吉原遊女的待客手腕。如此這般，男人便流連於溫柔鄉，難以離開。

圖75也是男人留宿的光景。

「我來點蒲燒鰻吧。」

男人說完，接著就要去點外送鰻魚。

此時，遊女果然阻止男人花錢點餐，並交代禿去準備醃漬物。

然而，禿卻回覆——

「回花魁，醃菜都發霉了。」

遊女可能想在客人面前，展現

圖 76《松之花》（松亭金水著）國會圖書館館藏

自己擁有照顧家庭的務實特質，可惜卻弄巧成拙，在此露出馬腳。

圖76這位遊女為了男客人，正俐落地在鍋中烹煮料理。男人看著這樣的她，也很難就此離開，結果又待了一整晚。

當然，只要持續待在妓樓，需要支付的金額也會像滾雪球一樣愈滾愈大。最後出現一堆要父母幫忙結帳的男人。

不過，也不乏相反的例子。

根據《山東京傳一代記》（山東京山編）一書記載，戲作者山東京傳曾經長期沉溺於妓樓彌八玉屋中一位名為玉之井的遊女房中，甚至到了一個月只回家四、五天的程度。而且，這樣的狀況竟然持續了數年之久。

乍看之下，京傳似乎過著自甘墮落的生活，然而他卻規定自己一天的花費不能超過一分金，並且嚴格遵守此一規矩。該節儉之處務求節儉，過著相當踏實的吉原生活。

另一方面，玉之井也相當理解京傳的脾性，從來不向京傳索要禮金。隨後，京傳便迎娶玉之井為妻。雖說京傳確實長年流連於吉原，但在這數年當中，他和玉之井過著近乎同居的生活。可說彼此都摸透了對方的性格，最終才走到結婚這一步。

## 切小指

由於遊女身處必須委身於許多男人的環境中，因此即使她和客人發展出戀愛關係，甚至訴說自己的衷情，都很難取信於人。於是，遊女會切下一截小拇指交給男人，來證明自己的真心。這就是傳說中的「切小指」。

然而，雖然在吉原相關的書籍當中，經常提到切小指；但是在史料裡，卻完全無法找到切小指的相關記載。也就是說，切小指可能是坊間重複引用這類未查證書籍，而流傳出去的說法。

請用常識來思考看看。

假如你和一位風俗孃Ａ子發展出戀愛關係，偶爾兩人爭吵，你以口還口地說：

「誰相信你只愛我一個，妳跟其他男人也都講一樣的話吧！」

Ａ子聽了，便跟男人說：「這就是我的真心！」

然後拿了刀，作勢切下小拇指的前端。

圖 77《九替十年色地獄》（山東京傳著，寛政三年）國會圖書館館藏

這個時候，你一定會用必死的決心阻止她吧？如果你真的愛她，絕對不可能讓她傷害自己的身體。

圖77描繪的，正是遊女即將切下小指前一刻的場景。只看這幅畫，確實令人感到栩栩如生。然而，最關鍵的遊女卻這麼說——

「順便把這些血拿來寫私通的起請吧，寫個兩到三頁。」

——她像沒事人一般地如此說道。所謂的起請，指的是起請文，是男女雙方向神佛起誓不可變心的文書。

由此可知，這個場景本身就很胡鬧。

那麼，在戲作之類的虛構文學當中，是如何描繪切小指的呢？

> 戲作《青樓五雁金》（梅月堂梶人著，天明八年）一書中，遊女踩飛豆子之後，將麻雀的血擠入豆子的種皮裡，藉此在男人的面前，假裝切下自己的小拇指。

> 戲作《夜半的茶漬》（山東雞告／山東唐洲著，天明八年）一書中，遊女將一節小拇指包在紙裡面，透過很快地將紙抽開，來演出切小指。

戲作《契情實之卷》（井之裏楚登美津著，寬政年間）一書中，不被男人信任的遊女抽出小刀，說道：

「那妾身只好做到您信任我為止！」

她說著，作勢切下自己左手的小拇指，說時遲那時快，男人按住了她的手腕，

「這麼做還太早，妳的心意確實傳達給我了。」

並在遊女切下手指的前一刻制止了她。

戲作《損者三友》（石井垂穗著，寬政十年）一書中，則有幫間當著客人的面，跟遊女談及某個切小指的傳聞。

「有個遊女用剃刀切斷指頭之時，因為力道太大，指頭飛出去消失了。一段時間之後，一個幫間用火盆烤魚板來吃，卻咬到了一截堅硬的骨頭。沒有想到，竟然就是剛剛找不到的那截小拇指！」

當然，幫間是在開玩笑。

＊＊＊

除了這些戲作之外，在歌舞伎《三人吉三廓初買》（河竹默阿彌作，安政七年首演）

這齣戲當中，也有一幕遊女在男人面前切小指的場面。

「如果你如此懷疑我的真心，好，就讓你看看我的真心。」

遊女說完，從身邊的鏡台抽屜取出剃刀，並將小拇指放在菸盒上。

「喂喂，妳這傢伙，到底想幹嘛？」

「我如此一心一意待你，就讓我親手證明給你看！」

「為了這種事情切什麼小指，千萬不要亂來！」

說著，男人從遊女手上奪過剃刀。

從上述這些情節當中，可以看到女人透過切小指來博取信任，但男人是否因此感到滿足，就很難說了。無論是吉原遊女和客人之間的關係，或是現代男女之間的關係，只要是人類心理，基本上都不會有太大的差異。

當然，或許曾經發生過瘋狂的遊女真的切下小指的事件。但是，偶發事件不等於當時的風俗民情。

遊女切小指，謂之一種吉原傳說亦不為過。

## 生病

遊女一旦生病，妓樓便會無微不至地照顧。除了提供藥品，也會根據狀況找醫生來為遊女看病。

以妓樓的立場來說，當然希望遊女盡快康復，才能繼續為妓樓賺錢。而且買藥的錢，或是醫生的治療費用，妓樓只是先代墊。這些錢最後仍會成為遊女債務的一部分。

然而最悲慘的，卻是那些已經抓不住客人、過了全盛期的遊女，或是已經病入膏肓、不可能康復的遊女。她們會被棄置於一樓一個點著行燈的陰暗房間，妓樓甚至不會提供任何食物和藥物。那冷淡的程度，就好像在對她們說：「早點死一死吧」。

遊女瀕臨死亡之際，妓樓的處置方式，可於戲作《青樓曙草》（鼻山人著，文政八年）窺見一斑。

樓主眼見遊女常盤路已經活不久了，便通知她住在三之輪的母親前來探望。母親見到生命垂危的常盤路之後，樓主對她說——

「此後，請您實現她心之所向，帶她離開，就近照顧她吧。若萬幸她能痊癒，也是枯木逢春。然而，若她就此香消玉殞，踏上黃泉之路，年季證文已經返還您的女兒，請盡早接她離開，這樣也能讓病人安心，平靜地讓父母送她最後一程。」

語畢，樓主讓病弱不堪、神情呆滯的常盤路搭上駕籠，將她送到母親的身邊。

——常盤路雖然年季未滿，樓主還是願意讓她一筆勾銷，且考慮到病人或許希望在父母身邊走完最後一程，於是做出上述安排。

乍看之下，樓主似乎是個富有人情味的好人。然而，樓主這些看似合理的作法，事實上只是希望早點甩掉這個麻煩罷了。如果遊女病死在妓樓，對樓主來說，反而要花更大的力氣將這個麻煩處理掉。

正巧常盤路的雙親住在吉原附近的三之輪，所以樓主能如此處置。如果遊女的老家太遠，樓主甚至不會嘗試通知其父母。僅將死去的遊女屍身包裹於菰葉當中，讓年輕的小廝以擔杖抬起，運到三之輪的淨閑寺去。

遊女因為過著作息不規律的生活，日積月累之下，往往使身體健康受到損害，也容易罹患淋病、梅毒（也稱為黴毒、黴瘡、瘡毒）等性病。

當時，曾有兩位來自外國的醫生指出日本性病蔓延的實際情況。一位是長期在荷蘭商館擔任醫生、安永四年（一七七五）來日的通貝里（Carl Peter Thunberg），另一位則是文政六年（一八二三）時，同樣以醫生身分來到日本的西博德（Philipp Franz von Siebold）。

日本性病的傳播狀況，當時亦有一部分的本國醫生表達憂慮的聲音。

在杉田玄白晚年著書《形影夜話》（文化七年）之中，可以讀到梅毒相關的記載——

種種跡象顯示，世間黴毒嚴重，加之難以治療，苦於此病狀之人甚多。……（中略）……每日每月，隨著診治病人愈來愈多，每治療超過一千人，就有七、八百人罹患梅毒。若狀況未能改善，經過四、五十年的日月，至今治療過的梅毒患者，可以數萬計。

——根據上述記載，玄白一年內可診治約一千多名患者，其中有七～八百人罹患梅毒。迄今為止，玄白診治過的梅毒患者便高達數萬人。玄白是相當著名的西醫，當時只有少數人能夠請到玄白看診。大部分的庶民即使罹患梅毒，大多靠道聽塗說的民間療法敷衍了事。

即便是玄白本身，也僅發展出梅毒的對症療法。加上當時還沒有抗生素的關係，因此不管是梅毒或淋病，都是相當難以根治的疾病。

在圖78這篇文章當中，雖然記載了黴瘡（梅毒）的治療方法，但在「黴瘡」兩個字下方，

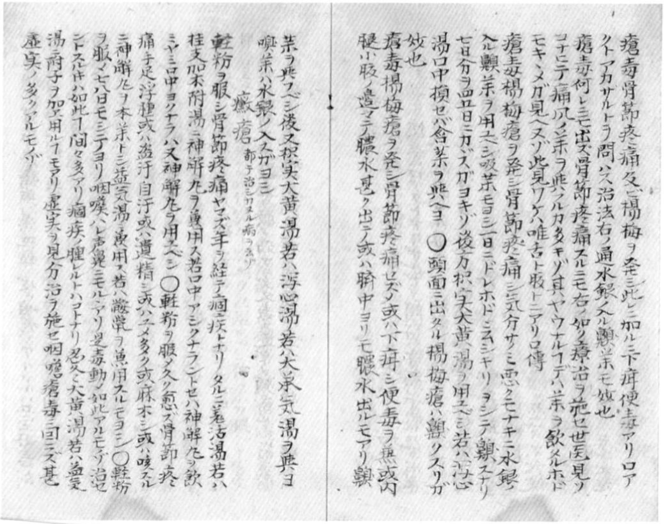

圖 78《黴瘡祕方》（抄本）滋賀醫科大學典藏

卻加上了「一般認為相當難以根治」的註解，已明確指出該療法無法根治梅毒。

另外，圖79則是介紹了水銀療法。針對梅毒的症狀，水銀療法具有顯著的改善效果，但由於水銀具有毒性，本身有其危險之處。除此之外，若採取此療法，患者也需承受巨大的痛苦。

當時，性病的傳染狀況之所以如此嚴重，主因是沒有保險套這類預防性病的道具。江戶時代無論一般男女交往，或是遊廓中的尋芳客和遊女之間，任何性行為都沒有戴套，以現在的角度來說，也就是所謂的「不安全」性行為。

其中，特別是遊女，因為職業的關係，經常需和不特定的多數對象發生性行為。性病也因此以遊女為媒介，悄悄地在社會當中蔓延開來。

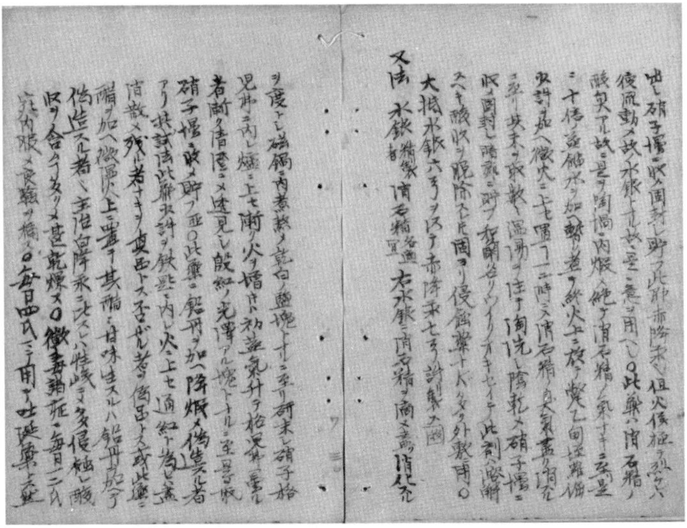

圖 79《和蘭製藥書》（抄本）國會圖書館館藏

吉原也不能倖免。跟岡場所或宿場的遊女相比，吉原遊女的客人出身雖然較高，但並無法改變業界的根本狀況。

在前面的章節當中曾經提到，吉原遊女的年季，一般以「最長十年，最大二十七歲」為原則。試想，遊女在十年之內，必須不間斷地和不特定多數對象發生性行為，罹患性病的機率幾乎是百分之百。區別只在症狀相當嚴重，或是不那麼嚴重罷了。

另一方面，由於當時的平均壽命短，即使罹患梅毒，在進入悲慘的末期症狀之前，人可能早已去世。

話說回來，江戶時代大多數的男女對性病幾乎一無所知，也因此人們並不把這件事情放在心上。

戲作《錦之裏》（山東京傳著，寬政三年）一書中，有著這樣的一段故事。

不管光臨哪一家妓樓，作為服務的一環，遊女都會親手製作治療淋病的藥物並贈送給顧客。該書的作者山東京傳，似乎也從某位花魁口中聽聞了製作該藥物的祕方——

因為太過胡鬧，特別記錄於此。

・黃蓮 ・甘草 ・丁香 ・山梔子 ・熊笹 ・燈心草 ・梅干黑燒[87] ・阿膠 ・松子 ・女性陰毛三根黑燒 以上十味，按等分煎煮服用。

看到三根陰毛，令人不禁大笑。

——如此這般，京傳當然不相信這份藥方具有療效。其中一味藥甚至出現三根陰毛，實在令人搖頭苦笑。

話雖如此，吉原的花魁都秉持著相當嚴謹認真的態度，徹底實行這項「祕方」。就性病防治的角度來看，實在令人感到相當可怕。

吉原遊女真正開始定期接受性病檢查，則是明治時代以後的事了。

## 體罰

文化七年（一八一〇）十月底，妓樓・中萬字屋在淺草的慶印寺中，為離世的遊女舉辦了一場法會。

根據吉原的規矩，年季未滿的遊女若亡故，她們的屍身將被包裹於菰葉當中，運往三之輪的淨閑寺。這些被運到淨閑寺的屍身，會被投入墓地裡挖好的墓坑之中，隨意埋葬。因而，淨閑寺也被稱為投入寺。

中萬字屋為遊女舉辦法會，反而是不尋常的特例，然此事亦其來有自。

這位遊女自稱病重，也不接客，整天只是關在房間裡。樓主的妻子見狀，相當憤怒，

「妳不要以為裝病就能偷懶！」

她教訓了遊女一番，並施以嚴厲的體罰。隨後，她將遊女丟置於點著行燈的昏暗房間，甚至不給她飯吃。

夜裡，耐不住飢餓的遊女來到宴席，將客人吃剩的菜餚偷偷蒐集起來，用小鍋烹煮享用。樓主之妻見此怒極，而將遊女綁縛於柱，並將小鍋懸掛於她的頸項。

此舉是一種示眾行為，意在讓其他遊女和奉公人看到她的下場。

被綁縛於柱上的遊女，不敵衰弱與飢餓，就這樣死在柱上。她的屍體也一樣，被運到三之輪的淨閑寺之後，就這樣投入墓地的墓坑裡。

自此之後，中萬字屋就傳出了鬧鬼的傳聞。有人在中萬字屋內看到一個脖子上掛著小鍋的遊女幽靈，而且還傳得繪聲繪影。如果不破除這個謠言，客人就不會走進中萬字屋；這對妓樓來說，無疑是一個相當大的打擊。

因為這樣的背景，中萬字屋才急急忙忙地為死去的遊女舉辦法會。

上述這段故事，出自《街談文々集要》（石塚豊芥子編）一書。

中萬字屋樓主之妻雖然確實是一位殘忍又極端的人物，但是在妓樓當中，遊女和禿遭受體罰，卻是再平常不過的事。

禿被體罰的原因，通常是沒有遵守吩咐，或是因為輕忽大意而出差錯等等。禿的體罰，說是訓練的一環也不為過。然而，遊女的狀況就比較特殊了。

沒有客人指名的遊女，會被視為偷懶不工作，而遭受體罰的折磨。前述提到的中萬字屋那位遊女，也是因為被管理者認定裝病偷懶，才有了後來的體罰事件。另外，惹貴客不開心，導致貴客不再上門消費的遊女，或是不聽樓主、遣手婆的吩咐，還抱怨東抱怨西、狀似不滿的遊女——都有可能成為體罰的對象。

接下來這段記載，收錄於《世事見聞錄》（武陽隱士著，文化十三年）一書，內容敘述：

除了毆打以外，絕食和掃廁所等也是處罰之一。甚至會讓遊女全身赤裸，再以麻繩綑綁起來。在這個狀態下，只要對遊女潑冷水，被水浸溼的麻繩便會收縮，緊緊勒住裸露的身軀，據說受此酷刑的遊女皆因此哭喊尖叫。

負責執行體罰的人，通常是遣手婆，或是樓主的妻子。樓主本人親自執行體罰的狀況並不多。但是，若由樓主親自出馬，有時可能會發生體罰殺人的狀況。

遊女就算因為體罰而死，也只會被視為病死草草下葬，且町奉行所的官員也不會因此出手調查。圖80描繪的場景，是遣手婆正吊起一個不守規矩的遊女。

圖81則描繪了被綑綁於柱上的遊女。旁邊手持竹編、正在鞭打遊女的那一位，就是樓主的妻子。雖然此情此景，都被旁邊圍觀的遊女看在眼裡，但話說回來，這本身就是一種示眾行為。

剛剛曾經提到，中萬字屋有一位殘忍的樓主之妻，然樓主本人也相當殘暴。在蒐羅了世俗見聞的《藤岡屋日記》（藤岡屋由藏編）一書中，記錄了嘉永二年（一八四九）發生於京町一丁目梅本屋的一場騷動。

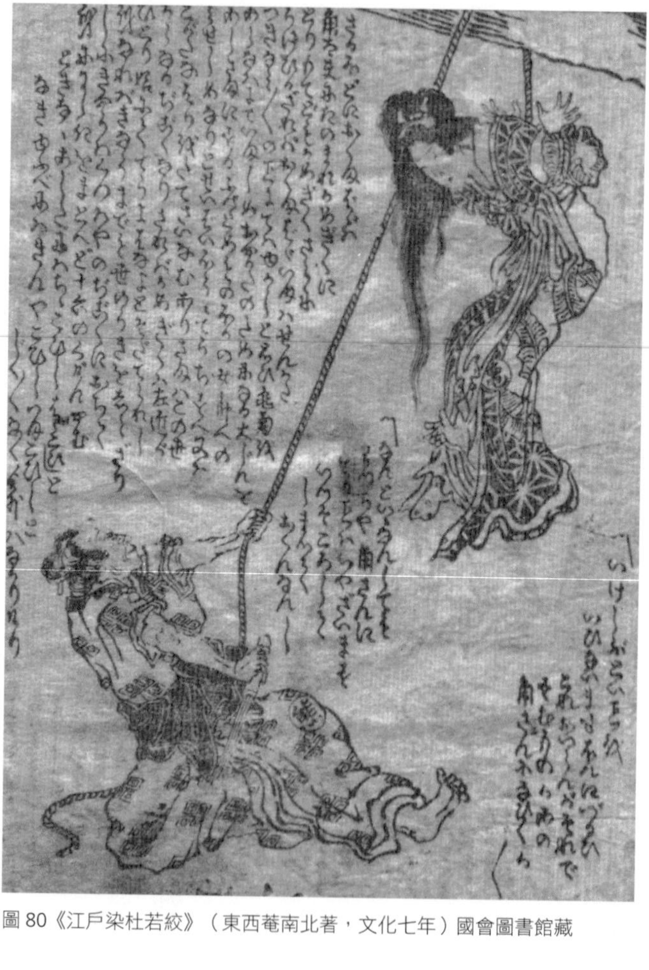

圖 80《江戶染杜若絞》（東西菴南北著，文化七年）國會圖書館藏

圖 81《風俗金魚傳》（曲亭馬琴著，文政十二年）國會圖書館館藏

當時，吉原整體的狀況不景氣，梅本屋也流失了不少客人。

屬於梅本屋的遊女總共十六人，然而身為樓主的佐吉，卻陸續對自己樓內的遊女出手，受害者甚至高達十三人。佐吉在性行為之後，總會斥責遊女：

「正因妳如此不濟，才無法滿足男人。難怪沒有客人指名！」

而且還以沒有好好應對客人為由，體罰了好幾位遊女。佐吉的體罰是在緣廊下方挖個洞，以鐵鎖綑綁遊女後推入洞中，並以棒子舂打她們。

終於，忍無可忍的遊女們彼此互使眼色，將大量的樹枝扔進火盆，冒出巨大的濃煙，並藉著這場騷動，所有的人一起衝到名主的跟前。來到名主面前的十六個遊女，一個接著一個自首：「火是我放的」。

因為這場騷動，終於使得南町奉行所介入調查，才揭發了佐吉殘暴的惡行。奉行所最終裁決，將佐吉放逐到荒島，而策劃縱火事件的四個遊女，也一樣判決放逐荒島。

順帶一提，在江戶時代，縱火犯會被處以相當嚴厲的懲罰。即使引起的只是一場小火，立刻就被撲滅了，但是縱火犯依然會被處以火刑（火炙之刑）。值得留意的是，只有吉原遊女是例外。遊女即便縱火，也不會處火刑，而是處以流放荒島。

面對不堪重負而對妓樓縱火的遊女，町奉行所通常有酌情量刑的傾向。可看出町奉行所對遊女的境遇，也有相當程度的理解。

## 殉情

對妓樓來說，最大的傷害莫過於年季途中的遊女自殺。特別是和妓樓的男客人一起殉情，可說是最糟糕的狀況。

以妓樓的角度來看，遊女等於是一項事先結清的商品，交易的對象是遊女的父母。若年季未滿便自殺，或是和客人殉情，事先投入的一大筆錢等於血本無歸。此外，妓樓內若發生流血事件，樓內就會到處染上髒汙。這麼一來，樓主很可能不得不重新整修房間，或是更換日常用品。更重要的是，如果傳出遊女幽靈現身妓樓的傳聞，甚至廣泛流傳，也可能導致客人不再光顧。對妓樓來說，簡直就是禍不單行。

圖82描繪的場景，是一位名叫關川的遊女，在得知自己的間夫（戀人）幸二郎，竟於十八歲之齡殞命，遂拿起剃刀，欲切斷自己的脖子尋死。

由於遣手婆先前已經察覺關川的異狀，經常監視著她。因此這一瞬間，遣手婆立刻發現其自殺的意圖，並飛奔至現場。

先前曾經提到，妓樓是一個沒有個人隱私的環境。不僅間夫亡故的傳聞立刻在妓樓裡傳了開來，遣手婆和年輕的小廝們也都立刻察覺關川精神狀況不穩定的情形。眾人應

圖 82《跡著衣裝》（十返舍一九著，文化元年）國會圖書館館藏

該都有此共識：「關川看起來很不尋常，盡量不要讓她離開你的視線之外」。

圖82當中，衝到關川身邊的遣手婆大喊——

「關川！住手！」

——她一邊喊著，一邊緊抱住關川，試圖阻止她的動作。

發現不妙的年輕小廝也衝了過來，從關川的手上奪下了剃刀。

隨後，遣手婆顫抖著聲音，說道——

「妳的這副身體是跟頭兒借來的，可不是妳自己的東西！」

遣手婆口中的頭兒，指的就是樓主。遣手婆正在告訴關川：妳的身體是樓主

圖 83《梅曆魁草紙》（五柳亭德升著，天保三年）國會圖書館館藏

買來的，可不允許妳自私的尋死！

如此這般，由於遣手婆和年輕奉公人持續暗中監視，自殺成功成了特別困難的一件事。

因此，遊女和客人也發展出了一些對應的方法。例如圖83的遊女和圖84的年輕武士，兩人先說好於何月何日何時執行，然後在同一個時間自殺。

雖然地點不同，實質上卻是殉情。

他們相信只要同時身亡，就能在另一個世界相遇。

《天明紀聞寬政紀聞》這本書，一般認為是幕臣之作，書中

圖 84《梅曆魁草紙》（五柳亭德升著，天保三年）

記載著這樣一個殉情事件。

安部式部是一位俸祿七百石的旗本，他和扇屋的花扇約好殉情。式部首先拿刀刺殺花扇，隨後試圖自殺，但卻失敗了，結果兩個人都活了下來。

安部家的家臣為此四處奔走，成功私下了結此事，沒有讓事情公諸於世。家臣的安排相當妥當，獲得了相當高的評價。

該事件最終被隱匿下來，沒有公諸於世，然而事情還是傳到了作者這樣的幕臣耳中。

即便如此，安部家為了解決這次危機，應該也陷入必須支付扇屋一大筆金錢的窘境。

吉原遊女和男客約好殉情的事件，雖僅零星幾則，散見於史料之中，但這些資料僅侷限於外傳於世的事件。由於殉情事件大多被私下抹消，實際上曾經發生過的殉情事件，應該遠多於史料上的記載。

《梅翁隨筆》（作者不詳）一書中，有一段這樣的殉情故事。

寬政十年（一七九八）二月，奧醫師[88]橘宗仙院的兒子和京町大海老屋的遊女象潟約好殉情。

他拿手拭巾封住象潟的口鼻，確認她無法出聲之後，便取出私藏的刀刺殺了她。象潟死後，他也成功自刎。

收到通知的宗仙院慌了手腳。身為奧醫師，他經常出入江戶城的大奧。自己的兒子和吉原的遊女殉情這種家醜，絕對不能外揚。

因此，宗仙院悄悄地與大海老屋私下交涉。

宗仙院願意出一筆鉅款，就當作象潟還活著，這筆錢會拿來為她贖身，並取回兒子的屍體。一旦把兩人的屍身接回宅邸，宗仙院就會聲稱兒子和象潟雙雙病死，再以病死的名義，為兩人辦理手續並埋葬他們。透過這樣的方式，將一樁醜聞徹底掩蓋在檯面下。

# 逃亡

吉原是一個長方形的區域，被上方設有忍返[89]的黑柵欄包圍，欄外有一條被稱為「齒黑溝」的溝渠，環繞整個吉原。由於這條齒黑溝已經被填平了，因此現在來到吉原遺址，即台東區千束四丁目一帶附近，也很難看出當時曾經存在溝渠的邊界。

這條溝渠將面積廣大的吉原團團包圍，使吉原成為只能由一個地方出入的封閉區域，而這個地方就是大門。

如先前所述，大門的右手邊有一個被稱為四郎兵衛會所的小屋。官府派來的番人常駐於此，負責盤查試圖走出大門的女子。若女子不能出示切手，番人便不允許她通過大門。

為了防範遊女喬裝成女藝人或見習觀光客，藉機逃出大門，番人時刻警戒著試圖走出大門的女子。

話題回到遊女身上。遊女之所以成為遊女，並非是自己的自由意志。她們大多在年幼時期，就被父母賣進繁華街（賣身）。

圖 85《帶屋於蝶三世談》（林家正藏著，文政八年）國會圖書館藏

因此，許多遊女等不到年季期滿，就迫不及待地想逃離吉原。

想要逃跑的遊女多如過江之鯽。她們可能厭倦了遊女的生活，或是有了喜歡的男客人，想跟對方在一起等等，這些都是造成她們年季未滿就想逃跑的原因。

然而，要從大門逃脫不是一件容易的事。因此，她們會想出各式各樣的手段。

圖85畫中的這位遊女，她打算架梯子翻過柵欄、鋪木板橫越齒黑溝，然後再搭駕籠，迅速逃離吉原。

可以看出她有計畫並準備得相當周到。當然，戲作中的插圖經常以誇飾的手法描繪，但仍然得以一窺遊女逃亡的可能樣貌。

只是，逃亡幾乎都以失敗坐收。遊女只靠一己之力，不可能順利逃出吉原，因此無論如何都需要男人的協助。從圖85裡也能看出，光是接住翻過柵欄的遊女，就需要兩個男人協助。

如此一來，遊女若要逃亡，就不得不把自己的熟客牽扯進來。而遣手婆每天的日常工作，就是監視遊女和客人的動態，因此她通常很快就會發現不對勁之處。當她察覺「〇〇客人怪怪的耶」時，妓樓就會立刻派出追兵。只要知道熟客大概都是哪些人，他們會去的地方也八九不離十了。

而且，當時的移動手段只有徒步和搭乘駕籠這兩種，再加上江戶時代是一個根據身分、職業來決定髮型和衣著的社會，遊女的衣著行頭可謂相當顯眼。只要發現行蹤，追上遊女並非難事。

如圖86一般，妓樓會用最快的速度組成一支搜索隊，隊內聚集了來自各家妓樓的年輕小廝。對這些追擊遊女的年輕人來說，這項工作彷如狩獵一般。結果，就如圖87所示，不用花多少時間，逃亡中的男女就會立刻被追捕到案；企圖逃亡的遊女則會被處以苛刻嚴厲的體罰。

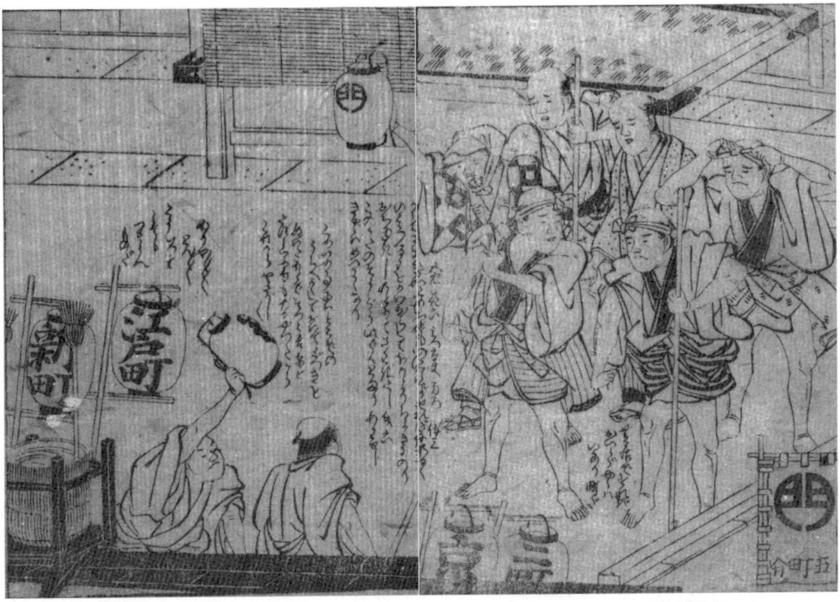

圖 86《異國出見世吉原》（南陀伽紫蘭，天明元年）國會圖書館藏

不過，因為對妓樓來說，遊女畢竟還是一項重要的商品，所以即使再怎麼體罰，遊女不僅不會有殺身之禍，也不會受太嚴重的傷。

針對逃跑過的遊女，鞍替是最普通的懲罰方式。所謂鞍替，就是把曾經試圖逃亡的遊女轉賣給其他妓樓的意思。鞍替地點大多是吉原內河岸見世的低級妓樓，有時也可能被賣到內藤新宿的女郎屋。

根據《天明紀聞寬政紀聞》一書的記載：

有一位俸祿四千五百石的旗本武士藤枝外記，他沉迷於

圖 87《風俗金魚傳》（曲亭馬琴著，文政十二年）國會圖書館藏

大菱屋的花魁琴浦，卻發現已有另一位富裕的町人即將為她贖身。由於外記的財富不敵町人，於是他試圖將琴浦偷偷帶出吉原。然而，很快地事跡敗露，兩人被追兵追上。外記在絕望之下，便刺死琴浦，然後自殺。

事件當時，正值天明五年（一七八五）八月。當年，外記二十八歲，琴浦則僅有十九歲。

事件後，藤枝家被剝奪了武士的頭銜。

外記當時是用什麼樣的方式幫琴浦逃出吉原，至今仍無定論。無論如何，這份史料證明了逃離吉原雖然困難，卻也不是完全不可能的任務。

---

77——日文「道中」是指一段旅途或路程的中途

78——江戶時代類似村長的職位

79——從事栽種、販賣植物、造園等工作的職人

80——「道」和「町」在日文當中都讀作マチ（讀音：machi）

81——絹紙糊的小型行燈

82——明治以前，日本的朝廷在京都，因此將京都及其附近的畿內地方，包括大阪地區稱為「上方」

83——日本傳統的隔間道具，通常是木製外框搭配紙或布，且兩面皆有畫作，與屏風最大的不同是衝立無法摺疊

84——奉公人的最高職位

85——原文為：みいらとりがみいらになる

86——江戶時代，由町人組成的打火隊的一員

87——用炭火長時間燒烤至炭化的梅干

88——幕府醫師的一個位階

89——裝設在圍欄上的尖刺型柵欄，防偷盜專用，通常以竹、木或鐵棒並排而成

# 第五章

# 吉原的生活

## 引手茶屋的功能

在吉原所有的娛樂機制當中，最難理解的當屬引手茶屋的功能。

日本堤到大門之間那條道路，一般被稱為五十軒道，而引手茶屋就座落在五十軒道的兩側。接著，穿越大門之後，便會來到一條名為仲之町的筆直大道。在仲之町的兩側，亦綿延著一整排的引手茶屋（請參考圖11）。

雖然無論是大門內或外都能找到引手茶屋，但兩者相較，仲之町兩側的引手茶屋較為高級。

圖88描繪的地點，正是位於仲之町的引手茶屋，其店名為「信濃屋」。引手茶屋的建築形式和妓樓不同，一樓是完全開放式的空間。

話又說回來，引手茶屋的功能是什麼？簡單來說，就像是吉原的遊玩導覽中心。

當然，欲享受吉原不一定要透過引手茶屋的介紹。來到吉原的男人，可以自行到妓樓的張見世物色遊女，確定對象之後，只要跟妓樓入口附近的年輕小廝說一聲就好。例如：「那位從左邊數來第三位，身穿紅色和服的……」。

圖 88《新吉原仲埜町之光景》都立中央圖書館館藏

年輕小廝接到指示，就會協助接下來的所有步驟。既然如此，為什麼還要特地請引手茶屋協助仲介呢？

原因在於，某些富有的男人認為：「和一群窮酸的人一起站在張見世挑選遊女，實在有失身分」。

更露骨地說，心裡想著「給我特別服務，老子有的是錢」這類的男人，其實不在少數。

為此，引手茶屋需盡力款待客人，絕對不可怠慢。

男人一進到引手茶屋，美酒佳餚立刻上桌。茶屋女主人會在談笑之間了解客人的喜好，並為客人安排適合的妓樓與遊女。客人也可以事先差遣年輕小廝到妓樓預約喜歡的遊女。

如此這般，客人向茶屋傳達需求，並請茶屋協助安排之後，就能在茶屋女主人或年輕小廝的引導之下，從容自在地前往妓樓。這就是透過引手茶屋仲介的大致步驟。

妓樓也非常歡迎引手茶屋介紹過來的男人。特別是大見世，他們甚至只接待引手茶屋介紹的客人，一般自己找上門來的客人是拒絕其登樓的。另一方面，雖然中見世和小見世願意接待一般客人，但他們會將引手茶屋介紹的客人視為貴賓並盡心接待。

戲作《狐竇這入》（十返舍一九著，享和二年）一書中，有一段描述引手茶屋主人因妓樓怠慢客人，而怒罵妓樓小廝的劇情——

「夠了！我再說一次，我再也不會介紹任何一個客人給你們了，搞清楚！」

——這是一個引手茶屋主人對妓樓小廝放話的場面。只要引手茶屋能不斷將貴客送往妓樓，他們就能以相當強硬的態度對待妓樓。

客人登樓之後，引手茶屋的年輕小廝會陪侍在旁，隨時滿足客人的需求。宴席陪酒、安排藝妓和幫間助興，以及向台屋點菜、安排送餐等等，都是引手茶屋小廝的工作內容。

他們甚至會目送客人和遊女進房。如果客人要求，隔天一早還會在約定的時間到妓樓叫客人起床。

客人離開妓樓回到引手茶屋時，茶屋會端出雜炊粥作為早餐，待客人享用完畢之後，最後才會結清款項。用這樣的方式享受吉原妓樓與引手茶屋的服務，價格自然相當高昂。

雖然知道引手茶屋的價格特別昂貴，但手頭闊綽的男人仍會特地透過引手茶屋來享受吉原。其中一個很大的考量因素，在於引手茶屋會代墊費用這一點。

也就是說，不管是遊女的揚代、請藝妓、幫間出場獻藝的費用，或是向台屋點菜等所有相關的花費，引手茶屋都會先幫客人代墊。這麼一來，即使客人手上的現金不足也能開心享樂，不需要一一付現這麼麻煩。

簡而言之，對客人來說，引手茶屋就是他們的信用卡。只是，就像現代的信用卡一樣，也會有刷爆的風險。

在古典落語當中，有一位年輕的商家富二代在吉原欠下巨額債款，最後還要別人來幫他還債。在該則故事中，這個富二代大部分的債款，就是在引手茶屋欠下的。

反過來說，雖然買賣風險相當大，但引手茶屋卻也會藉由鑑定客人的等級來行事。如前例就是因為引手茶屋知道這位富二代生於富賈一方的大商家，因此願意接受他的大量賒帳。畢竟就算欠款愈積愈多，最後只要向他父母請款就好。

在這種透過引手茶屋暢玩吉原的機制當中，還有一種最奢侈的玩法。

圖 89《青樓繪抄年中行事》（十返舍一九著，享和四年）國會圖書館館藏

首先，客人來到引手茶屋內，接著向妓樓傳喚遊女。遊女的等級當然是最上級的花魁，因此附屬於花魁的新造和禿，也會一併前來服侍。在圖88當中，也描繪了到達引手茶屋一樓的遊女和禿等人。

接著客人會傳喚藝妓和幫間前來助興，有時也會在引手茶屋擺上酒宴。圖88上方，也可以看到客人正在二樓舉辦酒宴。

等到客人玩得盡興了，一行人便一起步行回到妓樓，接著擺上更盛大的酒菜筵席。

對遊女來說，她就像現代風俗產業當中的「伴遊」，替妓樓做足了面子。

對客人來說，和遊女一群人浩浩蕩蕩，從引手茶屋出發前往妓樓，可謂炫耀財富到達極致。圖89所描繪的正是此一光景。此圖經常出現於吉原相關的書籍，是相當有名的經典畫作。畫中雖有「花魁道中」等說明文字，但這張圖所描繪的卻並非花魁道中。

路人眼見男客帶著一大群人，浩浩蕩蕩地從引手茶屋前往妓樓，紛紛露出羨慕的神色，喃喃道：

「是哪裡來的有錢人啊？」

對男人來說，沒有比此更能滿足虛榮心的事了。

## 揚屋町

在吉原內部，有幾個名為揚屋町的區域（請參考圖11）。這些區域一直都是揚屋聚集的地方。然而，如前述一樣，至寶曆時期（一七五一～六四）時，揚屋制度便遭到廢止。因此，即使吉原當中存在名為揚屋町的區域，在寶曆時期之後，揚屋町內卻再也找不到揚屋的蹤跡。不僅如此，就連妓樓也絕跡於此。

吉原遊廓的揚屋町不僅是商業區，同時也是住宅區。這也代表，它的功能和江戶城中的町屋幾乎完全相同。圖90描繪的場景，正是揚屋町裡的一條道路。在此圖當中，可以看到商店一間接著一間，並排在道路兩旁。

右手邊可以看到一扇木戶門[90]。走進這扇木戶門，有一條通往後方的小巷，兩側並排著裏長屋。

居住在裏長屋的人，通常是行商、職人，或是幫間和藝妓等賣藝之人。除此之外，醫生、信使和易者[91]等人也會居住於此。所有以此地為家之人，都從事與妓樓相關的工作。

從這張圖中，也可以看出道路是由木板鋪設而成，這就是所謂的溝板。溝板下方有

圖 90《春色惠之花》（為永春水著，天保七年）國會圖書館藏

下水道，而下水道裡的汙水，最終會流入圍繞在吉原外圍的齒黑溝。

上述這些構造，和江戶的町屋構造幾乎完全相同。

在圖片的左方有一座誰哉行燈，也就是路燈。不過，誰哉行燈卻是吉原特有的路燈。從日落到天明，番人會四處巡邏並為行燈添油，因此誰哉行燈的燈火永遠也不會熄滅。

吉原，正是這樣的一個不夜城。

因為吉原內有揚屋町這樣一個住商混合的地區，因此不用特地離開吉原，就幾乎可以滿足生活上的一切需求。

圖 91《情競傾城高》（坂東秀佳著，文政九年）國會圖書館藏

圖91描繪的是揚屋町內一家販賣「萬小間物[92]」的商店。

從招牌的字樣看來，這家店除了販賣木屐和雨傘等日用品之外，也販賣袖乃梅、萬金丹和黑丸子等商品。

袖乃梅是一種解酒藥，萬金丹和黑丸子也是藥品。不愧是販賣「萬小間物」的地方。

圖92也是揚屋町內的日常光景。此處應是穿過圖90的木戶門之後，巷內深處的光景。

圖中右手邊，掛著一個寫著「御藥湯」的掛行燈。沒錯，這裡正是湯屋。

吉原內是有湯屋營業的。雖

圖 92《福祿壽黃金釜入》（東西菴南北著，文化十四年）國會圖書館藏

然妓樓內部就有自己的浴池，但是當遊女不想跟別人一同擠在狹窄的浴池內時，她們就會到外頭的湯屋泡澡，順便轉換一下心情。

這張圖還描繪了並排的兩間式總後架（公共廁所），大概位於圖片中央。這是供揚屋町裏長屋的居民使用的公共設施，不過有時候，來吉原觀光的人們也會衝進來使用。

總後架旁邊有一個水井。此外，雖然圖中沒有描繪到，但在水井旁邊，應該還有一個垃圾場。

總後架、水井和垃圾場，上述三項一套，是會聚集在同一個地方的公共設施，亦是江戶裏長屋的共同構造。圖92左方有一棟兩層樓的建築，二樓似乎正在舉辦酒宴，這是間一般的料理屋。即使圖92僅呈現了一小部分的生活情景，仍然可以看出當時人們密集居住的日常生活樣態。

吉原的揚屋町，可謂江戶町屋的縮影。

## 裏茶屋

出合茶屋是男女密會的地方，也就是今天所謂的愛情旅館。它們大多聚集在神社寺院門前，尤其是上野的不忍池畔，更是相當密集。

若春宮畫描繪的主題是出合茶屋內男女幽會的情狀，畫中通常也會出現蓮花池的窗景畫面，以暗示地點位於不忍池。

圖93是一幅描繪不忍池的畫作。池中島上矗立著一座祭祀弁財天的神社，而圍繞著整座島所建造起的一棟棟建築，幾乎都是出合茶屋。

吉原內也有類似出合茶屋的建築，一般稱之為裏茶屋。根據式亭三馬在文化八～九年寫下的日記《式亭雜記》一書之記載：

揚屋町　四家
角町　四家
京町二丁目　一家

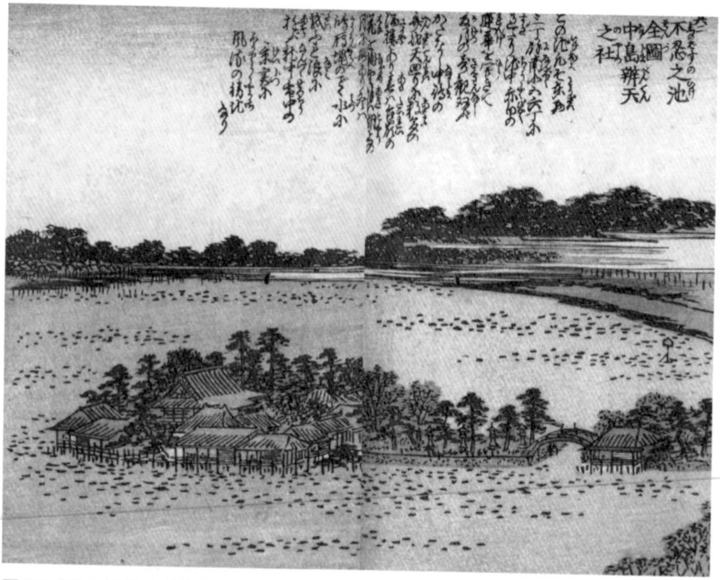


圖 93《繪本江戶土產》國會圖書館藏

全部加總起來，當時的吉原共有九家裏茶屋。吉原本是妓樓聚集之地，卻有九家愛情旅館在此營業，聽起來似乎相當不可思議。

在《古今吉原大全》（明和五年）一書中，曾提到裏茶屋的客人——

他們大多是藝妓、茶屋、船宿的男人、小間物商家、結髮師或太神樂表演團等等。

由於吉原禁止藝妓和妓樓的男客上床，因此藝妓的床帷情事，通常會選在避人耳目的裏茶屋。

而在引手茶屋或船宿工作的年輕男人，因身為妓樓的相關業者，故也無法成為妓樓的入幕之賓。因此，他們便偷偷在裏茶屋和遊女幽會。

另外，小間物商家、結髮師和太神樂（宴會表演團）的藝人，為了做生意，經常需要進出妓樓，因此也不被允許登樓。所以他們別無選擇，也只能到裏長屋幽會。

在戲作《傾城買四十八手》（山東京傳著，寬政二年）當中，一位遊女提到和自己感情不睦的另一位遊女時，這麼說道——

「她和小間物屋的阿助做色事，被綁起來的時候，實在有趣。」

——「色」就是色情之事。那位遊女和出入妓樓的小間物商家工作者發生性關係，整件事曝光之時，她就被綁起來處罰了一番，也就是所謂的體罰。

但即使不被允許，大家還是會在私底下偷偷幽會。藝妓和男客、遊女和各種進出妓樓的業者等等，這些擁有禁忌關係的男女，就會成為裏茶屋的客人。裏茶屋可謂是吉原相關人士的出合茶屋。

即便如此，在吉原之中，擁有禁忌關係者，能夠選擇的裏茶屋就有九家之多，可見當時私下偷歡的風氣之盛。

圖94是收錄於戲作《兩個女兒郭花笠》（松亭金水著，天保七年）的插畫，描繪了裏茶屋「桐屋」的建築外觀。書中形容桐屋——

圖 94《兩個女兒郭花笠》（松亭金水著，天保七年）國會圖書館館藏

> 巷口掛著一盞寫著「桐屋」的行燈，這是裏茶屋的標誌，若往巷內看，會看到門口掛著一盞一模一樣的行燈……（中略）……手水場[93]的入口有著玻璃門簾。所有配置都帶著雅俗混融的乙粋風格。

—書中所描寫的「乙粋風格」（おつりき），指的是「別具意趣」的獨特設計。

將當時相當昂貴的玻璃製門簾設在廁所入口，花大錢可說花得相當不著痕跡。

乍看之下，整棟建築並不顯眼，卻能從各個小地方看出其瀟灑優雅之處。

春本《春情妓談水揚帳》（天保七年）一書曾提到「一間很奇妙的裏茶屋」——

穿過房間的壁櫥後方，竟然是一間五張榻榻米的房間，內有怪異的寢具，……

——來此幽會的男女，一位是舞鶴屋的菊之井，她是二十一、二歲左右的新造，另一位是名為小七的男子，他任職於黑船町的茶道具屋。小七為了做生意，經常進出舞鶴屋，所以他不能作為客人登樓。

吉原之所以出現裏茶屋，是因為吉原內擁有足以支撐該產業的需求。即使在遊廓之中，或說正是因身在遊廓，才會出現如此需要掩人耳目的情慾愛戀。

## 遣手婆

每一間吉原妓樓，一定有一位被稱為遣手婆（やりて）的女性。遣手婆的工作就是負責監督並教育遊女和禿。因此就立場來說，遣手婆有時會對遊女和禿相當嚴厲，有時也會親自執行體罰。所以遣手婆也經常是遊女和禿懼怕和討厭的對象。

但是反過來說，為了維持妓樓內的秩序，遣手婆對妓樓來說是不可或缺的存在。即便是位於岡場所的女郎屋，也一定會有一位相當於遣手婆的女性工作者，特別是深川的女郎屋，遣手婆甚至會稱呼女郎們為乾女兒（娘分）。

不過圖95描繪的這位遣手婆，不僅表情惹人厭，看起來還相當囉嗦。

有一些遊女年季期滿，卻沒有男人願意接納，因此樓主會從這些不知何去何從的遊女當中，挑選適合的人雇用為遣手婆。從圖95也可以看出，遣手婆通常由年紀較長的女性擔任。

她們早已看透了吉原的一切，無論是光鮮亮麗的表象，抑或是不足為外人道的陰暗面；她們是身經百戰的老江湖。

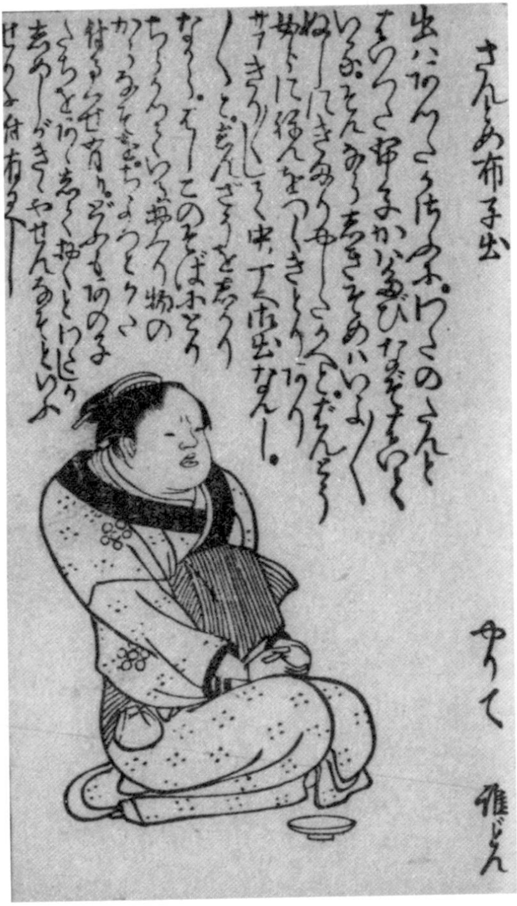

圖 95《客眾肝照子》（山東京傳著）國會圖書館館藏

妓樓二樓的樓梯旁邊有一間遣手部屋，遣手婆就住在這裡。這也代表她們會張著雪亮的眼睛，時刻留意遊女和客人的動向。

只是，遣手婆是無給職，妓樓只提供最基本的食宿起居。因此她們的收入主要來自於客人的祝儀（紅包），以及花魁贈送的各種謝禮。生活在這樣的狀況當中，當然容易養成「對上阿諛奉承，對下作威作福」的人品。也因此遣手婆的形象，大多是品行卑鄙的年長女性。

戲作《取組手鑑》（關東米著，寬政五年）就鮮明地描繪了如此的形象，接下來，將以更容易理解的方式改寫這段劇情：

當遣手婆在遊女和客人的宴席露臉，客人便直接將祝儀交給她。

「喔呵呵呵，哎呀哎呀，真是太感謝您了。來，那邊那個，妳再拿銚子（酒壺）去裝更上等的酒來。再請人趕快送菜來啊，真是的，上好的御膳料理都端上來。」

她一邊說，一邊走出房間。一來到走廊，

「花粹小姐，上草履沒整理好的話，可是會找不到的喔！，鞋子請好好放在一起吧。」

接著打開連子窗[94]，

「真是的，如果好好整理不就沒事了嗎？現在鞋子好像掉到中庭了。」

走廊上，有個禿正在撿拾掉在地上的長紙，她又道：

「妳們就是這樣，才需要好好教訓一番，真是一刻都不能放鬆！」

然後，她來到位於中央的房間，悄悄往房內一看，發現遊女鼾聲大作、睡得正香，而初會的客人則扭扭捏捏地待在一邊。

「快起來！該接待牧野先生了。真是，這丫頭到底怎麼回事！」

她一邊碎嘴，一邊叫醒遊女，轉頭看到行燈旁邊的獅嚙火鉢裡面有一雙燻黑的杉箸，連忙動手將火熄滅，蓋上土瓶，

「妳們就是這樣，連用火都那麼不小心！」

一邊說著一邊回到走廊，

「又來了，是誰開窗沒關的？被風吹到著涼就完蛋了。」

說完，她拉上連子窗，

「啊，好像變天了，哎呀，南無妙法蓮華經。」

然後喃喃吟誦著經文，走進遣手部屋坐下了。

圖 96《明烏雪惣花》（山東京山著，文政八年）國會圖書館館藏

從這段敘述當中，可以了解到遣手婆的日常習性。她就是一個嘴上總是在抱怨，但只要收到祝儀，就會給對方大行方便的人。

另一方面，有時遊女會因為沉溺於特定客人，而開始敷衍其他客人。如果這樣的狀況持續，待那位客人的銀彈漸漸被榨乾，甚至開始勉強自己上妓樓之時，將一切看在眼裡的遣手婆便會下令，從此拒絕該客人登樓。換句話說，她直接拆散了一對熱戀中的男女。

然而，儘管情況演變至此，遭到外力拆散的男女，卻可能因此燃起更猛烈的熊熊愛火，妓樓於是開始上演男人偷偷潛入妓樓來見遊女的戲碼。

圖96所描繪的，就是這種密會被拆穿的光景。暗中監視遊女許久的遣手婆和年輕小廝一起闖入房間，揭穿了兩人的幽會現場。

遣手婆斥責遊女的樣子相當恐怖；一邊的男客則遭到年輕小廝的壓制。左手邊的那位女性，應該是因為擔心而衝過來查看的朋輩遊女吧。在圖96當中——

「喂，放輕鬆、放輕鬆。」

妓樓內的小廝們都聚集過來，試圖壓制時次郎。

——緊接著，上演的應該就是兩人被硬生生拆散，長吁短嘆的劇碼了。

在這之後，遊女的下場就是遭遣手婆嚴厲的體罰。而客人時次郎想必是被裝在布袋裡面，經年輕小廝一頓毒打之後，扔出妓樓。

圖 97《出謗題無智哉論》（東里山人著，文政八年）國會圖書館館藏

## 勞心勞力的年輕小廝

在圖97當中，一位武士身分的客人把年輕小廝叫了過來——

「也太失禮了吧，這就是你們的待客之道嗎？給我問清楚到底是什麼狀況！」

——怒氣正盛的客人把所有的不滿都發洩在年輕小廝身上。

接待武士的遊女因為輪流制的關係，一個晚上必須接待好幾位客人。也因此，遊女接待其他客人之時，這位武士便被晾在一邊。

也難怪武士會生氣了，畢竟與遊女見面的揚代，他可是已經全額支付了。

輪流制的弊病，在先前的章節當中已有詳述。因為輪流制而被甩的男客當中，有哭著獨自入睡的人，當然也有像圖97這位武士一般，因為等到怒火中燒，而把年輕小廝叫來痛罵的人。

客人的意思很清楚，就是「對我負起責任，把女人帶過來！」

且由於對方的武士身分，應對起來也相當棘手。年輕小廝別無選擇，只能先俯身低頭，再盡量安撫對方。

提到妓樓裡面的男性工作人員，不分年齡，都被稱為年輕小廝（若い者）。遊女和客人通常稱呼他們為「少年團」（若い衆），比較剽悍的客人則會用「喂，少年仔」（若え衆）來叫喚他們。

年輕小廝的工作範圍方方面面、相當複雜，可以說是只要和客人應對相關的所有事情，都是他們的業務範圍。

客人在張見世鑑定遊女時，他們負責告知客人遊女的名字；客人指名之後，後續的接待也是由他們負責。另外，跟客人收取揚代、為客人和遊女整理床鋪等，也都是年輕小廝的工作。

此外，如圖98所描繪，有時他們也要幫忙端菜和搬棉被。

不過，對他們來說最辛苦的工作，當屬圖97這種安撫客人的場面了。

圖 98《菊廼井草紙》（為永春水著，文政七年）國會圖書館館藏

這種時候，年輕小廝會先請武士稍安勿躁，然後前去尋找正在另一位客人床上的遊女本人。他們會在走廊叫喚：

「花魁、○○老爺，不好意思有事商量。」

等到花魁出了房間，便在她耳邊輕聲懇求：

「那個武士很生氣喔，稍微去那邊露個面吧？」

「不要，那個武士那麼粗暴。」

「不要這麼說嘛，求求妳了。」

年輕小廝盡力安撫遊女，請她到武士身邊服侍，總算平息了對方的怒火。

無論如何，只要遊女上床提供性服務，圖97這種客人也就暫且不再計較了。所以如果不是態度親切、反應機伶的男人，絕不可能勝任妓樓年輕小廝的工作。

妓樓內，遊女的地位高於年輕小廝，因此當遊女心情不好，或是特別任性的時候，年輕小廝也無法命令她們，只能盡量安撫對方。

這方面的實際狀況，可以在《我在泡泡浴樂園當黑服》（玉井次郎著，彩圖社，二〇一四年）一書中讀到，作者曾在吉原的泡泡樂園工作，此書集結了他的真實經驗談。

泡泡浴風俗孃和黑服的關係，遊女和年輕小廝之間的關係，在本質上可說是相當類似。順帶一提，妓樓也嚴格禁止年輕小廝和樓內的遊女發生性關係。

年輕小廝和遊女在倉庫之類的場所幽會，也是許多春宮畫的主題，而春宮畫雖然是虛構的創作。也沒有人能斷言，絕對沒有類似的情事發生。

在吉原妓樓工作的年輕小廝如果有買春尋歡的需求，大概就是到小塚原解決。根據戲作《契國策》（安永五年）記載——

小塚原，千住之宿，丁之少年掙儲之花，皆散於此。

——由此可見，吉原的年輕小廝會到小塚原找遊女，或是到千住宿找被稱為飯盛女的遊女玩樂。「丁」指的是吉原，「花」指的應該就是客人賞賜的祝儀。

特別是位於小塚原的女郎屋，因為就在吉原旁邊，揚代也很便宜。

根據《岡場遊廓考》（石塚豐芥子編，江戶後期），小塚原共有三十六家女郎屋。另外，小塚原刑場也近在咫尺。磔刑、火刑（火炙之刑）皆在此進行，獄門台上還經常排列著罪人的首級。

圖 99《吉原十二時繪卷》（岩瀨醒，抄錄於文久原年）國會圖書館館藏

## 藝妓與幫間

江戶的藝妓（芸者），可分為「吉原藝妓」和「町藝妓」這兩個類別。

所謂的町藝妓，泛指所有在吉原以外的花街和鬧市中開業討生活的藝妓。當然，吉原藝妓的地位較町藝妓來得高，大致又可分為兩個類別。

當妓樓擴張到大見世的規模，便會聘請妓樓專屬的藝妓，這就是所謂的「內藝妓」。

另外，吉原還有一群「見番藝妓」，她們居住在揚屋町的裏長屋，登錄在見番[95]底下。當妓樓需要她們前來宴席助興，便會透過見番聯繫。

圖99描繪了兩位見番藝妓前往妓樓赴宴時的路途風景。走在藝妓前頭、抱著兩個黑箱子那個

人，是隸屬於藝妓置屋的年輕小廝。箱中裝的則是稍後表演要用到的三味線。

此外，見番藝妓出場時，一定是以兩人一組的形式參加的。這是為了防止藝妓和妓樓的男客產生密切關係而制定的規矩，藉以達到互相監視的目的。

戲作《假名文章娘節用》（曲山人著，天保二年）便有類似情節。

吉原的藝妓面對遊女不合理的對待時，她如此嘆道——

「小女僅一介藝妓，止於座敷、轉瞬即逝，無論原由，皆無勝過女郎眾之可能，此即廓中風俗。」

——此為該戲作中，藝妓哀嘆地位不如遊女之場景。

在吉原，遊女的身分地位高於藝妓。畢竟，遊女才是吉原的主角。藝妓只是配角，她們的作用是在宴席當中襯托遊女。藝妓不應該多嘴出風頭，她們如果和客人上床，就是對遊女的輕蔑。

只是，藝妓和男客偷偷摸摸地到裏茶屋見面的事件卻層出不窮。男女之間的關係，往往有著障礙愈高、愈難分難捨的特性，因此處理起來相當棘手。而藝妓和男客之間，也是這類狀況的典型。

除了藝妓之外，到妓樓賣藝的還有幫間（ほうかん）。幫間也稱作太鼓、太鼓持或男藝妓，他們的工作和藝妓一樣，需應妓樓的要求到宴席助興。透過表演才藝、說有趣的故事來爭取一席之地。

幫間和藝妓一樣，居住在位於揚屋町的裏長屋，一有妓樓指名，就前往妓樓出場表演。今日，曾有落語家提到自己的職業時，如此打趣說道：

「聰明人做不到，笨蛋更做不到。」

這句話同時也是幫間這個職業的寫照。

無論在哪個時代，有權有錢的人身邊都一定會圍繞著一群討好獻媚的丑角，這種人通常被稱為「像幫間一樣的人」。不過，當幫間正式成為一種職業之後，詞意又與上述有所歧異。

據傳，幫間是在寶曆（一七五一～六四）之後才正式確立的職業。這與揚屋制度消失、太夫稱號被廢止的時間點完全一致。

從這個時候開始，客人可以直接登樓，不僅能在妓樓裡飲酒作樂，也能在妓樓裡和遊女上床。或許因為如此，吉原對幫間的需求開始大幅增加。

在幫間當中，不少人原是武士世家的次男、三男，或是商賈之家的年輕當家，他們因為貪圖享樂而落入此道，只能以此維生。此外，幫間當中也有一些人是過了顛峰期的

圖 100《三世相郎滿八算》（南 笑處滿人著，寬政九年）國會圖書館館藏

陰間[96]轉職而成的。

吉川英治的小說《松のや露八[97]》，就是以明治時代的幫間，松廼屋露八為範本書寫而成。

松廼屋露八不僅出生於武士之家，也曾經參加過彰義隊。

圖100描繪的是男客和遊女正在飲酒作樂的情景。一旁的幫間正比著一些搞笑的手勢——

「你這傢伙，是不是又看上這根菸管了？」

「若您願意賞賜，那就再感激不過了。」

——如此這般，幫間先言謝，實際上是在跟老爺討要那根高價的菸管。結果因為幫間的一席話，使得客人不得不大手筆地將菸管贈出。

左手邊的女孩子則是在一旁服侍的禿。

此外，在《吉原細見》這本吉原指南專書中，介紹了妓樓的名稱、位置，以及遊女名字和揚代等資訊。在最後的「男藝妓之部」和「女藝妓之部」這兩個篇幅之中，分別記載了幫間和藝妓的名字。

根據當時蔦屋出版的寬政七年（一七九五）版《吉原細見》之記載，男藝妓之部共有幫間三十八人，女藝妓之部則有藝妓一百一十二人。由此可見，妓樓的酒宴對幫間和藝妓的需求相當高。

只要有幫間和藝妓在席間炒熱氣氛，客人和遊女也能帶著愉悅的心情共度春宵。當然，支付給雙方的祝儀金額也是相當可觀。

## 信使

現今日本社會當中，有企業城下町這個說法。

一個大公司的工廠落成之後，附近就會出現該工廠的承包商，承包商底下甚至還有下一層承包商。這些企業會僱用許多員工，而為了滿足這些工作者的需求，整個區域於是開始發展出各式各樣的餐飲業和服務業。

以大企業為頂點核心，就像城下町一樣，直接、間接地建立起多種多樣的商業網路。

在江戶時代，則存在著遊女城下町的現象。這樣的現象雖然也發生於各地的花街遊廓，但吉原是最顯著的一處。

有一句俗話說「遊女三千」。雖因時代變遷而有所增減，但大致上來說，吉原內的遊女約維持在三千人左右。

定居在吉原內的人口，則總共大概有一萬人。這也代表吉原內有七千人左右的生活全都要仰賴這三千名遊女。正可謂「遊女城下町」。

在這七千人當中，有些人直接受雇於妓樓，如年輕小廝、女中和侍女等等。

圖 101《春文草紙》（山東京山著，嘉永六年）國會圖書館館藏

此外，還有許多商人、職人和藝人，雖然沒有直接受雇於妓樓，卻都依賴遊女和妓樓維生。

在這些相關業者當中，「信使」（文使い）便是相當獨特的一種職業。

圖101右下角那個男人，被介紹為「來自化粧坂的信使勘六」。

化粧坂雖是鎌倉的地名，在這裡卻是比喻吉原的意思。該畫作將男子的身分標示為「吉原信使勘六」。信使的工作就是將遊女的信送到客人的手上。

到了今天，以風俗為業的女性為了鼓勵常客來店消費，大多透過簡訊、電子郵件或電話來聯繫。

然而，江戶時代是沒有電子郵件也沒有電話的時代。唯一的通訊方式就是信件了。從圖101當中也可以看出，勘六不只為一個遊女送信。

在圖48當中，也描繪到一位以信使為業的男子。

不同於在岡場所和宿場工作的遊女，吉原內的遊女大多飽讀詩書。除了擅長寫作之外，有些人甚至寫得一手好字，能夠以優美的字跡表達自己的纏綿之情。

當男人收到遊女的來信，心中便會充滿感激與雀躍之情，相信他們會立刻放下手邊所有的事情，當天就趕到吉原與遊女相見。

正因為身為吉原遊女，才能以書信為商業手段。因此信使可以說是因應吉原遊女的需求而生的職業。雖說如此，信使可不是誰都能做的工作。

若要成為信使，首先，讀寫是你的必備技能，除此之外，對江戶地理也要有一定程度的把握。否則，當需要送達的信件一多，工作效率便會低落，在這樣的狀況下，事業是無法成立的。除此之外，機智又靈活的思緒，也是信使必須擁有的特質。

舉例來說，當信使送信的對象是大商家的少爺時，他若站在商家店門口，大喊：「少當家，您有一封來自吉原〇〇遊女的信」，那麼一切就毀於一旦了。

他不但無法將信件送達，還會被盛怒的當家趕出店外。

但若是信使能迅速理解眼前的狀況，先向店家一名工作人員搭話，

「不好意思，可以向您問個路嗎？」

一邊說一邊接近對方，然後在他耳邊輕聲表明來意，

「小的這邊有一封要給少爺的信，麻煩您傳達。」

這麼一來，知道內情的人就只有這名員工而已。

對他來說，只要能夠將此機密轉達少爺，必定會得到一筆賞賜。

而完成任務的信使，不僅能得到少爺的感謝，

「辛苦你了，這些拿去吧。」

還能收取對方賞賜的祝儀。

由於先前遊女已經支付了送信的工錢，因此對信使來說，少爺賞賜的祝儀等於是額外的收入。考慮到這一點，信使這工作實在是一筆油水甚豐的生意。

甚至，少爺或許會說：

「麻煩稍候一下，我現在馬上回信。」

然後將回信交予信使，工錢立刻再加倍。

如此這般，正因相關業者如此活躍的工作表現，吉原才得以成立。

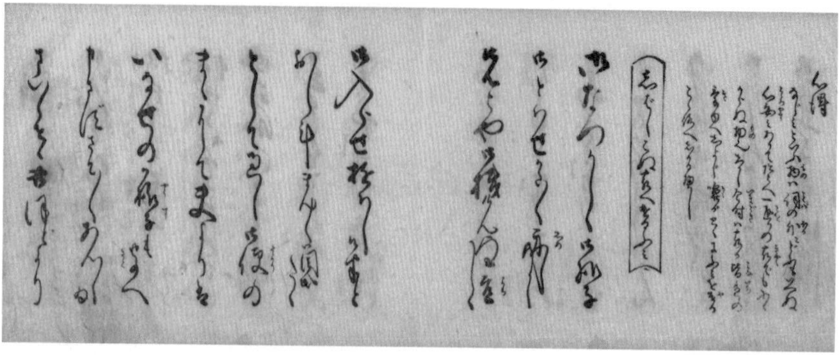

圖 102《遊女案文》（長松軒著，寬政八年）國會圖書館館藏

此外，遊女和客人之間的書信往來，有時也會借助船宿和引手茶屋，扮演居中傳遞的角色。

***

先前曾經提到吉原遊女具備讀寫的能力，但若提到書寫文章的能力，又是另一個境界了。因此，當時甚至出版了以遊女為目標讀者群的書信範例文集，書名為《遊女案文》（長松軒著，寬政八年）。

查看這本書的目錄有：

寫給第一次見面的客人之例文
寫給已經成為熟客的客人之例文
寫給高齡客人的筆跡參考

等等，書中文例皆以書寫對象分類，是一本便利又實用的書信範例文集。

而且，在文例之後，還有「心得」可供參考。例如，「寫給第一次見面的客人之例文」後面的「心得」提到——

在各式各樣的客人當中，若遇到好男人、瀟灑又體貼的男人、有錢的男人，應視作虛幻。他若愛我，亦會愛上他人。我若因此恃寵而驕、輕忽怠慢，終究會失去他的心……

——「心得」中的警語，意在告誡遊女，如果自滿於「那位客人愛著我」，總有一天客人的心會離妳而去的。

圖102則是「給一陣子沒來的客人」的書信文例。或許是因為很麻煩的關係，有些遊女會直接抄寫文例，僅稍作修改便寄出，或甚至完全照抄文例的內容。

因收到吉原遊女寄來的書信，就萬分欣喜雀躍的男人，還真讓人覺得有點可憐啊。

## 假日與紋日

一月一日和七月十三日是吉原公休的日子，不僅大門緊閉，妓樓也不營業。反過來說，這也代表在妓樓工作的奉公人，一年只有這兩天可以放假。

不過，遊女除了公休的假日以外，還有所謂的生理假。

當時，所謂的「月役七日[98]」，就是指月經來潮的女性，應於七日內避免性行為。話雖如此，這樣的風俗卻僅止於一般民情。

那麼，遊廓當中的狀況又是如何呢？雖然沒有確切的史料，但遊女若月經來潮，應該只有兩天左右的時間可以不需接客。

這個說法來自於戲作《部屋三味線》（寬政年間），雖然書中描述的地點是深川的岡場所，但仍可從一位遊女的話中看出端倪——

「有礙那兩天，雖說大部分都安歇著，不過，也有把鍋炭丟入熱水中攪散喝下，就出去接客的人。」

所謂「有礙」，指的就是月經。「有礙那兩天」是指月經來潮兩天內避免性行為，但也有遊女把附著鍋底的黑炭溶入熱水中，直接喝掉就去接客了。這方法來自於當時的迷信，認為喝鍋炭就能減緩月經的症狀。

與一般民間的「月役七日」相比，在吉原或其他遊廓工作的遊女卻只能休假兩天，兩天過後就不得不「回歸職場」。

大正十三年（一九二四），十九歲就被賣到吉原妓樓的森光子，在自己的手記《在光明中萌芽之日》中提到——

我以為是肚子痛，結果是月事。起碼在這種時候，能夠好好休息一下就好了……，結果還是像這樣，把懷爐貼在肚子上，然後不得不繼續接待客人。

——看來，即使到了大正時期，吉原的實際狀況也沒有什麼改變。

接下來提到妓樓的飲食，除了吃的東西簡單，用餐的場所也各自不同。花魁在二樓自己的房內用餐，新造和禿則是在一樓的大房間一起用餐。

不過，只有一月一日，也就是元旦這一天和其他日子不同。

圖103即為元旦當天，大家一起在一樓用餐的場景。所有遊女都聚在這裡，一起吃年糕湯。

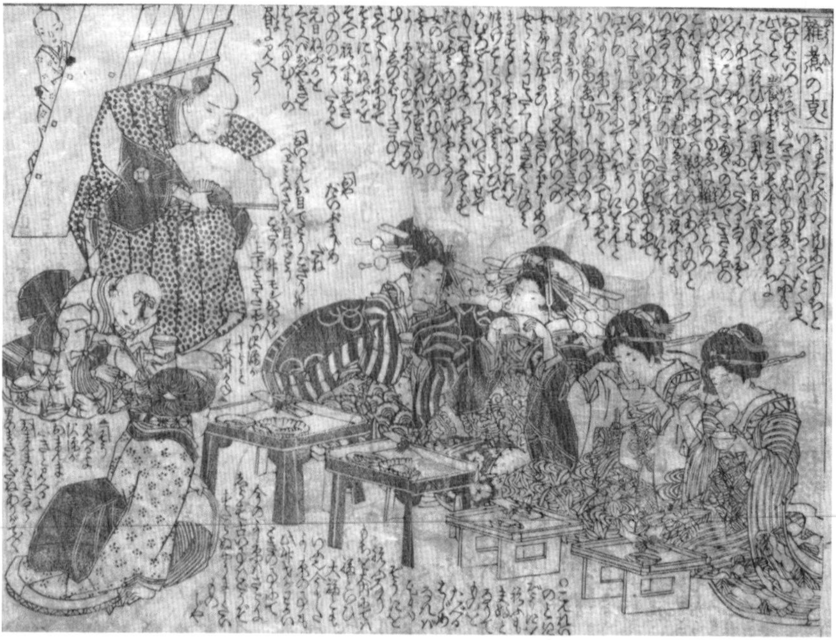
圖 103《五節供稚童講釋》（山東京山著，天保四年）國會圖書館館藏

圖中描繪的四個遊女，左邊兩個是花魁，右邊兩個則是新造。置於花魁和新造面前的膳[99]，很明顯有所區別。此外，膳上面放置的器皿數量也不相同。

由此可見，即便是正月的年糕湯，也會根據遊女的地位有階級之分。

而站在左邊那位裃[100]姿的男人就是樓主。

另外，吉原還有一個被稱為紋日的制度。

所謂紋日，泛指各種紀念日。到了現在，就是商店街經常舉辦的〇〇慶祝特賣，或是開業××年感謝祭等，藉此進行大規模的促銷活動。即便是現代，人們也期待著各種特賣活動，並為此出門消費。

不過，吉原到了紋日，揚代卻反而更貴，而且竟然貴了兩倍以上。對現代人來說，這實在是難以理解的奇怪制度。

理所當然地，討厭多花錢的男人，便會避免在紋日前往吉原。只是，如果遊女在紋日沒有接到任何客人，那一天的揚代就必須自掏腰包。也就是說，這筆錢會成為遊女積欠妓樓債務的一部分。

因此，遊女會抱著必死的決心去拜託熟客於紋日登樓。對客人來說，這也是一個展現男子氣概的方式。妓樓想要激發的，正是客人這種想要發揮男子氣概的虛榮心。

不過話說回來，紋日這種制度，不過是妓樓試圖擴大營業額的一種手段。不管對遊女或客人來說，紋日都是一種負擔相當大的制度。

圖104記載了一年當中紋日的日期。採用便於理解的方式來表示，即為：

正（一）月　松之內
三月　三日、四日
五月　五日、六日
七月　七日、十五日、十六日

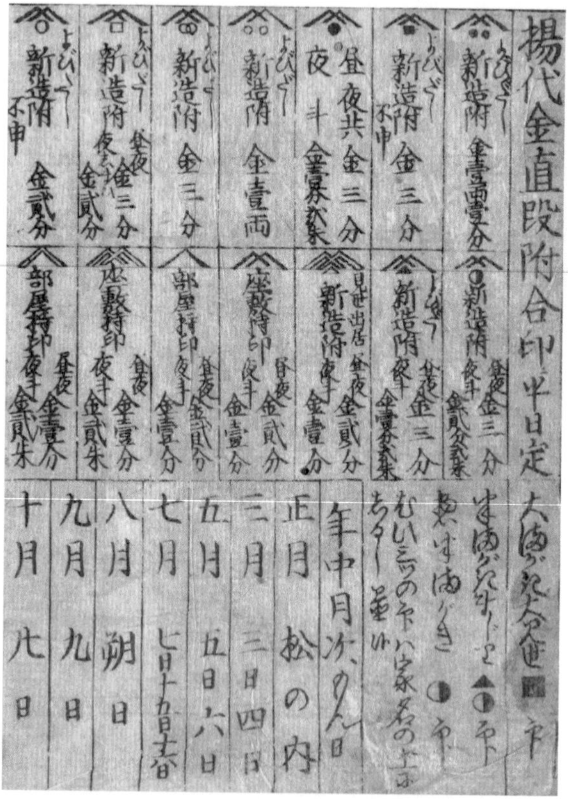

圖 104《吉原細見》（弘化二年）國會圖書館館藏

| | | |
|---|---|---|
| 八月 | 朔（一）日 | |
| 九月 | 九日 | |
| 十月 | 二十日 | |

以上。到了這些日子，許多遊女便會陷入憂鬱當中。

者。

## 成為觀光景點與不景氣

露骨地說，吉原是幕府認可的紅燈區，吉原遊女是公娼，也就是幕府認可的性工作者。

然而，吉原並不只是單純的風化區，還是江戶最大的觀光景點。

地方上的藩主大名，因為參勤交代的關係，需要留在江戶執行政務大約一年左右的時間。勤番武士跟著滯留於江戶期間，會生活在藩邸內的長屋，他們第一個想去參觀的地方就是吉原。除此之外，因為商務或觀光理由前往江戶的庶民，第一個想去的地方也是吉原。因此，若說男女老幼都想到吉原開開眼界也不為過。

首先，到淺草的淺草寺參拜，然後再到吉原逛逛，已經成為到江戶觀光時必定要跑的經典行程。在先前的章節當中，便曾經提到佐賀藩士牟田文之助和紀州藩士酒井伴四郎到吉原參觀的經歷。

接著要提幕末一位尊王攘夷派的志士清河八郎，他於安政二年（一八五五）三月，帶著四十歲的母親和隨身男僕，離開故鄉出羽（山形縣）前往伊勢。根據該旅程的紀行

圖 105《吾妻之花江戶繪部類》（清水晴風編）國會圖書館館藏

《西遊草》記載，清河八郎滯留於江戶之時，曾於八月七日和二十二日，偕同母親兩度前往吉原遊覽。特別是二十二日那次，他登上江戶町二丁目一家名為久喜巴字的妓樓，體驗了登樓遊興的樂趣。而且，清河竟然還找母親一起去。由此可見，以「江戶最大的觀光景點」，或是「男女老幼都想到此一遊」來形容吉原，並非誇大其實。

不過，現代的主題樂園為了吸引顧客，通常會依據季節舉辦各種不同的慶祝活動，例如聖誕節、萬聖節等等。

吉原也一樣，為了吸引客人光顧，一年四季都會舉辦各式各樣的特殊活動。其中「仲之町之櫻」、「玉菊燈

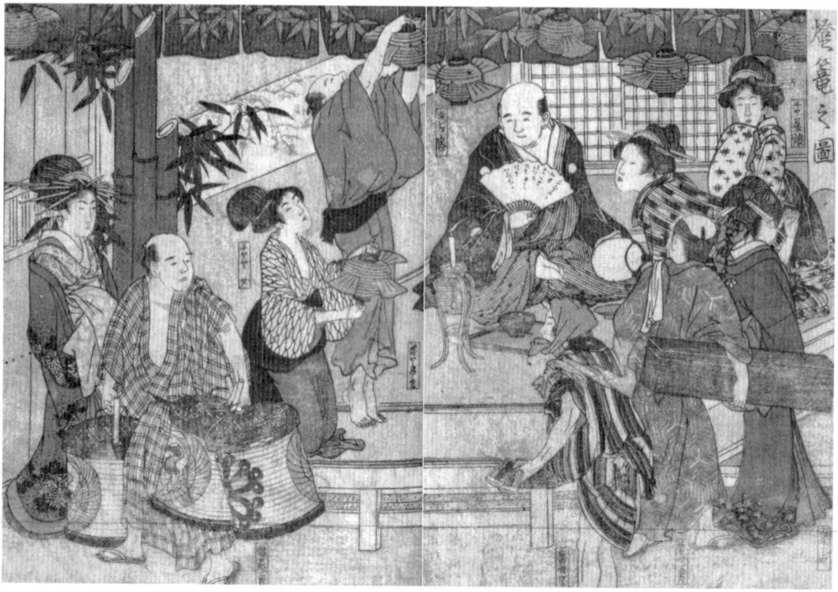


圖 106《青樓繪抄年中行事》（十返舍一九著，享和四年）國會圖書館館藏

籠」和「俄」，被稱為吉原的三大行事。

圖 105 這張畫作描繪了從大門外看進仲之町的光景。可以看出，吉原的大道此時正值櫻花滿開的時節。關於吉原賞花的實際狀況，先前已經詳述於「花魁道中」一節中，這裡就不再贅述。

圖 106 描繪的是引手茶屋為了迎接玉菊燈籠活動，正在為店面裝飾燈籠的情景。整個七月，仲之町的引手茶屋都會在屋簷掛上精心製作的各式燈籠，來響應這個被稱為「玉菊燈籠」的活動。

相傳角町的中萬字屋有一位才色兼備的太夫，名為玉菊。據說她不但擅長各類技藝，還是河東節[101]的

圖 107《日本風俗圖繪》（黑川真道編，大正四年）國會圖書館館藏

名家。如此優秀的玉菊，卻於享保十一年（一七二六）香消玉殞，享年二十五歲。

為了紀念年紀輕輕便離世的玉菊，那一年的盂蘭盆節，引手茶屋有志一同地掛起燈籠，以弔念玉菊的亡靈。據說，這就是玉菊燈籠的由來。

圖107描繪的則是吉原舉辦「俄」的光景。

安永、天明年間，一群喜愛戲劇的引手茶屋主人和妓樓樓主聚集在一起，他們一起創作俄狂言（即興劇）作為茶餘飯後的娛樂，並開始在仲之町排練演出，沒想到竟然大受歡迎。他們也因此認真投身其中，精心策畫起相關的活動，這就是吉原流行「俄」的由來。每年八月一日開始，只要天氣放晴就會進行演出，一連演出三十天。

成為每年的慣例之後，活動便以幫間和藝妓為中心。加上茶屋和妓樓的奉公人的共襄盛舉，一邊跳舞一邊演戲，佐以敲擊樂音，在吉原內熱鬧遊行。根據先前曾引述的紀行《西遊草》，清河八郎和他的母親也曾親眼目睹這個熱鬧的活動。

三大行事期間，吉原不只會擠進許多男人，也有不少庶民女子會來此觀光遊覽。即便在沒有特別活動的日子裡，為了看一眼花魁道中，吉原也總是擠滿了各個年齡層的男女老幼，相當熱鬧。

然而，這對妓樓來說，卻是有利有弊。因為即使觀光客湧入吉原，使吉原變得更加熱鬧，登樓的客人卻不一定會增加。

確實，原因不難想像。在所有觀光客之中，除了女子不登樓，那些與女性一同前來的男人也不會登樓。

茶屋和料理屋等店家或許能夠受惠於人潮，但對關鍵的妓樓來說，上門的顧客卻反而減少了。

在描繪江戶時代後期的浮世繪和錦繪當中，以吉原和遊女為主題的畫作大多相當華麗，因此可能很多人以為當時的吉原正處於極端繁榮的景況。然而，這僅代表了吉原是一個熱鬧的旅遊勝地而已，妓樓內部的真實狀況並非如此。

《式亭雜記》（式亭三馬著）一書中，作者在文化八年（一八一一）旁邊如此註記——

此時的吉原，甚不景氣也。

當時妓樓不景氣的狀況，已經嚴重到連戲作者都知情，甚至到了妓樓一家接著一家倒的地步。例如，江戶町一丁目的大見世「扇屋」，在天明年間（一七八一～八九）的全盛時期，旗下的遊女和奉公人高達百人，樓主還是一位俳名墨河的俳人。

然而，根據《蛛之糸卷》（山東京山著）書中記載，扇屋——

到了文政末期，終究家業消亡，人也離開吉原了。後來不知怎地，聽說扇屋之女在四谷新宿的豐倉糊一口飯，應是墨河之孫……

——據此，扇屋在全盛期後約莫四十年的文政末期倒閉，墨河的子孫都離開了吉原。而且還有傳聞，墨河的孫女成為飯盛女，在內藤新宿一家叫做豐倉屋的旅籠屋[102]工作。

所謂的飯盛女，指的是隸屬於宿場旅籠屋的遊女。

另外，在《西遊草》一書中，清河八郎在安政二年（一八五五）八月七日曾到吉原觀賞俄的表演——

> 雖有各種狂言和歌舞秀，確實還是相當有趣……（中略）……然而與往年相比遊客卻變少了，可見天下一流之衰微。

——如上述一般，表面上，吉原仍然喧囂熱鬧，實際上到妓樓的客人卻在減少。而這樣的狀況，甚至被觀光客的清河看了出來。

那麼，為什麼吉原會走到這個地步？

先前曾經提到，元祿時期的泡沫經濟破裂，使吉原陷入不景氣的泥淖。為了打破這個局面，便在寶曆時期廢止了過去的揚屋制度以及太夫的稱號。

透過娛樂系統的簡化，吉原的景氣一時之間似乎有復甦的跡象。然而，原先不合法的岡場所卻在此時崛起。特別是深川的繁榮景況，更是令人無法忽視。

戲作《部屋三味線》（寬政年間）比較了吉原與深川的狀況——

> 吉原與深川的風俗大有不同。兩邊的風情也是各異其趣。然而人情卻無不同，無論身處哈哈[103]國或花魁國，昔日或今日，最終目的，不外乎燃燈一途。

——這邊提到的「燃燈」，就是性交的意思。不管人們去的地方是吉原或深川，最後目的不也是殊途同歸嗎？這樣的說法雖然不加修飾，卻是不爭的事實。只要拋棄裝腔作勢、惺惺作態的心態，兩者做的事情沒有什麼不同，這麼一來，便宜又方便的地方就是更合理的選擇。

此外，因為品川、內藤新宿等宿場都能找到被稱之為飯盛女的遊女，因此也相當受到歡迎。

最關鍵的是，他們搶走了吉原的客人。

雖說吉原已經簡化了娛樂系統，但是到吉原消費的揚代仍然相當昂貴，除了注重排場和誇耀傳統之外，似乎沒有為此花費高額揚代的必要。而且，吉原位於江戶市區以外的偏遠地區，也因此，吉原需要以花魁道中、三大行事為噱頭，藉此達到吸引客人的目的。確實，吉原的豪華絢爛，是岡場所和宿場模仿不來的。

吉原的各種活動確實達到了集客的效果，使得來到吉原觀光的人們絡繹不絕。然而，這樣的蓬勃卻沒有將客人帶到妓樓當中。先前曾經介紹過的牟田文之助、酒井伴四郎、清河八郎和錦織五兵衛等人，他們來到吉原也僅止於參觀，並未登樓。

對男人來說，吉原只是一個觀光景點，他們實際買春尋歡的地方是岡場所和宿場，這樣的結果實在相當諷刺。

如此這般，妓樓表面上光鮮亮麗，經營狀況卻每況愈下，於是妓樓只好打出了「降價」這張牌。

在《藤岡屋日記》一書中，記載了妓樓削價競爭的實際狀況。

嘉永四年（一八五一）五月，角町的萬字屋開始發放「現金　遊女大特賣　無引手」的引札[104]。降價後的計費方式如下：

| | |
|---|---|
| 座敷持遊女 | 金一分↓銀十二匁[105] |
| 部屋持遊女 | 金二朱[106]↓銀六匁 |

所謂的無引手，指的是不需要引手茶屋仲介的意思。

引札發放後大受歡迎，萬字屋也如願湧入大量客人。

然而，為了與萬字屋競爭，京町二丁目的大和屋也開始發放引札，大和屋的降價費率則為：

| | |
|---|---|
| 座敷持遊女 | 金一分↓三朱 |
| 新造 | 金二朱↓一朱 |

競爭的狀況可謂相當激烈。

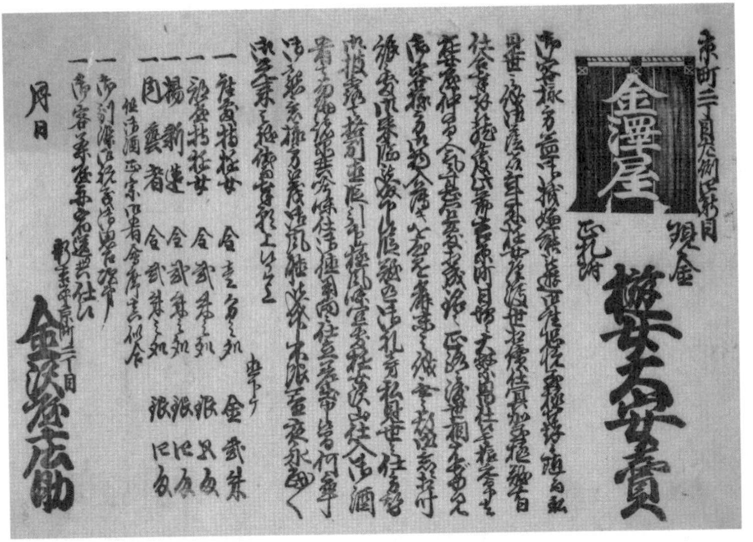


圖 108 金澤屋的引札（嘉永四年）早稻田大學圖書館館藏

緊接著，時序來到六月，京町二丁目的金澤屋以及角町的若狹屋也開始發放各自的降價引札。

圖108這張圖片，正是京町二丁目的金澤屋所發放的引札。

情況演變至此，根本已經進入殺得頭破血流的降價大混戰了。

就在這種削價競爭的風氣當中，吉原迎來了明治維新。

江戶時代後期，色彩斑斕的錦繪所描繪的吉原和遊女，確實是豔麗動人、栩栩如生。然而，那樣的畫面僅呈現了作為觀光勝地的吉原。作為遊廓的吉原，已經走上物盛則衰一途。

吉原遊廓再次恢復生機，是明治以後的事了。

90——江戶時代設置於市中重要場所或町的邊界，有警戒功能的門
91——占卜師
92——販賣各式各樣日用品的地方
93——廁所
94——細竹或木頭間格排列而成的窗戶
95——業者事務所
96——指日本江戶時代在茶室內為男性提供同性性服務的男妓統稱。原意是指歌舞伎中的少年演員，他們在沒有正式出道而登上舞台之前都是在「陰之間」接受培訓，故而用陰間稱呼這些少年演員。當時，由於不少少年演員兼職賣淫，故而陰間漸漸成為這類人的稱呼
97——讀音同松廼屋露八
98——月役即為月經
99——放置食器的一種有腳架的檯子
100——江戶時代武士的正裝。即便是被社會蔑視的職業，在元旦當天，樓主亦會身著正裝出席
101——淨琉璃的流派之一
102——即旅店
103——日文是ハアハア，即為喘氣聲
104——江戶時代的廣告傳單
105——江戶時代銀貨的單位，約為小判一兩的1／60，價值會因市場行情而有所變動
106——一朱金是江戶時代文政年間發行的一種流通金幣，形狀為正方形，價值等於1／16兩或1／4分

第六章

# 吉原以外江戸幕府認可的遊廓

# 新町與島原

吉原是獲得幕府認可，合法營業的遊廓。然而，江戶的吉原並非唯一一個由政府認可的遊廓，大坂的新町、京都的島原，也都是合法營業的遊廓。

新町、島原和吉原並稱為江戶時代的三大遊廓。

圖109描繪的正是新町遊廓熱鬧的樣貌。

天正十一年（一五八三），大阪城開始建造，許多年輕的勞動力也開始大量湧入大阪。由於男性勞動人口增加，造就了女郎屋林立的景況。天

圖 109《澪標》（寬政十年）國會圖書館館藏

正十三年（一五八五），豐臣秀吉為了將各地的女郎屋盡可能聚集一處，遂允許於大阪建造遊廓。

此後，即便秀吉離世了，女郎屋的數量仍然持續增加中。元和三年（一六一七），隨著新町區的劃分，所有的女郎屋也一併遷移至新町。此時，正是二代將軍秀忠掌權之時。

如此一來，新町便成為了德川幕府認可的遊廓之一。

根據戲作《傾城色三味線》（江島其磧著，元祿十四年）的記載，新町總共有三十九位太夫，而同一本書中記載之吉原太夫數量，最多不超過五人。

江戶時代知名的劇作家・近松門

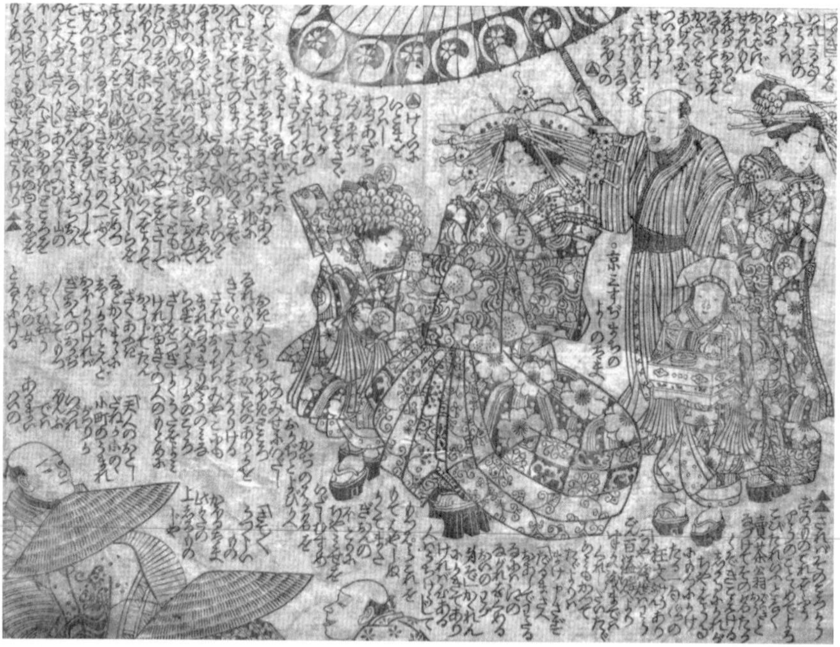

圖 110《國字茶話文庫》（丹頂庵鶴丸著，天保九年）國會圖書館館藏

左衛門所創作的淨琉璃劇本，大多以新町為舞台，他也將遊女寫入自己的創作之中，成為劇本的登場人物。例如：

《冥途的飛腳》（正德元年首演）的遊女梅川、

《夕霧阿波鳴渡》（正德二年首演）的遊女夕霧、

《山崎與次兵衛壽的門松》（享保三年首演）的遊女吾妻、

《女殺油地獄》（享保六年首演）的遊女小菊。

另一方面，在圖110這幅畫作中，寫著「京三筋町的吉野太夫」等字樣，這裡所謂的三筋町，其實就是島原遊廓的別稱。

這也代表長柄傘下的那位遊

女，便是島原的吉野太夫。來此參觀的男人們見了她，皆屏息嘆道——

「看啊，多麼美麗的人。」

「是落入凡塵的天仙，抑或小野小町轉世？」

京都的遊廓則始於天正十七年（一五八九），設置於二条柳町，一般俗稱為柳町或新屋敷。當時，豐臣秀吉官拜關白，雖眾說紛紜，但據傳他將散建於各地的女郎屋聚集於一處，並整頓為遊廓。

隨後，為了拓展京都市街，更於慶長七年（一六〇二）將遊廓遷移到六条之地。

接著在約四十年之後的寬永十七年（一六四〇），即三代將軍家光掌權之際，遊廓再次被改址到朱雀野。雖然正式的名稱是西新屋敷柳町，然而不知從何時開始，人們逐漸以島原稱之。

據說，這是因為遊廓被土牆和護城河包圍的樣子，對參予過島原之亂（平息於寬永十五年，即一六三八年）的軍人來說「就像島原城一樣」，因而得名。

圖111所描繪的景色，正是島原遊廓大門的日常風景。這座大門也是島原遊廓唯一的一個出入口。

乍看之下，它與吉原遊廓的大門並無二致，然而事實卻正好相反，吉原大門其實是

圖 111《嶋原出口光景》（貞信著）國會圖書館館藏

參考島原大門來建造的。

根據《傾城色三味線》（元祿十四年）的記載，島原遊廓之中最高等級的遊女，即太夫的數量總共十三人。人數雖多於吉原，卻比不上新町。

元祿時期之前，這兩個城市無論在經濟或文化方面都優於江戶，而這樣的狀況也體現在遊廓當中。

吉原、新町和島原雖並稱為三大遊廓，但在江戶時代前期，新町、島原繁盛的程度，事實上遠勝吉原許多。

## 丸山遊廓

長崎的丸山遊廓雖然也是幕府認可的遊廓，但異人（外國人）顧客的光顧，造就了它與島原、新町和吉原相異的特殊風情。

丸山遊廓成立於寬永十九年（一六四二），即三代將軍家光掌權時期，幕府將散建於長崎各地的妓樓集中，並加以整頓而成。地點則位於現在的長崎市丸山町。

圖112即為丸山遊廓的全景。元祿五年（一六九二），丸山遊廓共有一千四百四十三位遊女。當時，能夠從長崎上岸的異人，僅限荷蘭人和清（中國）人而已。

但，當時幕府不允許荷蘭人離開出島[107]，清人不能離開唐人屋敷[108]。再加上無論哪一國人，即便本身已婚，幕府也不允許他們偕同家室來日。

因此，這些滯留於長崎的異人就像單身赴任一般，被迫過著好幾年的禁欲生活。他們甚至不能自行前往丸山遊廓，只能透過傳喚遊女的方式，來解決性方面的需求，幕府方面也並未禁止。這也代表外送茶形式的性服務，開始成為幕府默許的性服務形式。

在異人和丸山遊女之間，需要仲介協助斡旋。異人只要告知需求，他們便會在丸山

尋找符合需求的遊女，並將她們帶到出島或唐人屋敷赴約。

《好色一代男》（井原西鶴著，天和二年）一書的主角世之介也曾造訪丸山遊廓——

> 真是愈來愈有意思了，我不想在旅館逗留，立刻動身前往丸山看看，女郎屋的樣貌比起傳聞有過之而無不及，僅一家妓樓便可見八、九十位遊女風姿。唐人……（中略）……戀慕甚深，甚至不捨得走出房門，日夜吞服那方藥，不厭其煩地要求侍寢。此非日本人能辦到之事。紅毛（荷蘭人）遊興之處，似乎在出島……

——丸山遊廓繁盛的程度可見一斑。

圖 112《長崎丸山噺》（本山桂川著，大正十五年）國會圖書館館藏

書中提到清人喝下春藥，日以繼夜在床上奮戰，日人無法企及云云。看來天和二年（一六八二）當時，日本男性在性能力方面，對外國人也抱有自卑感。另外，則是提到荷蘭人會將遊女傳喚到出島遊樂。

圖113描繪了出島上的酒宴光景，出場的遊女和荷蘭人正在飲酒作樂。

而右邊那位通子（通詞），就是酒席上的口譯。

席間，荷蘭人說了些什麼，口譯聽了之後，回覆道——

「不想喝酒，想趕快休息這種話，請您別這樣說。每次都趕著上床，實在有些困擾。」

圖 113《駱駝之世界》（江南亭唐立著，文政八年）國會圖書館館藏

——聽起來似乎頗有埋怨不甘。

「趕上床」是花街術語，意指客人登樓之後，連酒宴也不擺，就想直接帶遊女上床。

圖113的酒席結束之後，遊女們分別與自己服侍的荷蘭客人進入包廂，提供後續的性服務。不過，地點在床鋪上，而非鋪在和室地板上的棉被床。

江戶時代，只有丸山的遊女擁有在床鋪上工作的經驗。

圖114描繪的，也是被叫出場的遊女，她的工作地點是唐人屋敷。當時的清人也睡在床鋪上。

《譚海》（津村淙庵著，寛政七年）一書，對丸山遊廓的蓬勃盛況，也有如此描述——

圖 114《長崎丸山噺》（本山桂川著，大正十五年）國會圖書館館藏

揚屋等建築甚為壯麗恢弘，有些房子甚至鋪上千張榻榻米。遊女應該高達五、六百人。

——據書中所述，丸山遊廓的建築也是豪華又壯觀，即便沒有勝過吉原，應該也在伯仲之間。

此外，戲作《春色戀白浪》（為永春水著，天保十二年）也提到——

據聞那丸山之鼎盛、如雲之美人，可謂日本第一。

——由此可知，丸山多美女一事，亦為人稱道。

圖 115《東海道名所之內橫濱風景》（五雲亭貞秀著，萬延元年）國會圖書館館藏

## 港崎遊廓

港崎是成立於幕府末期的遊廓。

安政六年（一八五九），隨著橫濱開港，可以預見外國人即將大量來航。加之，當時幕府於橫濱建造的居留地已經完成，外國人也開始紛紛定居於此。

面對這樣的狀況，幕府在匆忙之下，決定在此設置遊廓。

幕府藉由填平溼地，為遊廓開發出一萬五千坪的建築用地。在遊廓的運作機制方面則比照吉原、對待異人的方式借鏡丸山，地點在今天的橫濱公園，也就是橫濱棒球場的所在地。

該遊廓被命名為港崎，於安政六年底正式開始營業。圖115即為港崎遊廓的全貌。

周圍環繞溝渠這一點，即為借鑒吉原的建造模式。不過，由於當時已經開港通商，外國人可以在橫濱和港崎自由走動。

這也代表丸山遊廓採用的外送茶形式，已不適用於此。

圖116描繪的是港崎遊廓最大的妓樓「岩龜樓」。其和洋折衷的建築樣式，在當時具有劃時代的意義，因此前來參觀的遊客也相當多。

根據口述文學《幕末明治

圖 116《港崎町會所之圖》（五雲亭貞秀著，萬延元年）國會圖書館館藏

女百話》（篠田鉱造著，昭和七年）的記載——

說到橫濱的岩龜樓，可謂家喻戶曉，屋中一座日光朱漆之橋，頗負盛名，異人謂之罕見，因此經常前往遊賞。雖說只要支付入場費，就能進樓觀賞，然關鍵的費用本身，一人便要二朱五百……（中略）……來到橫濱遊覽，若未參觀岩龜樓，也就沒有什麼值得一提的了。

——據此，可以推測岩龜樓壯麗華美的程度，應遠超過吉原妓樓。此外，由這段敘述也可以看出，港崎和吉原一

扇の間
一川芳員画
一川芳員画

圖 117《橫濱港崎岩龜樓異人遊興之圖》（一川芳員著，文久元年）國會圖書館館藏

樣，觀光客的數量也相當多。

圖117則描繪了異人在岩龜樓大肆喧鬧的光景。當時因為受到貨幣系統的影響，對外國人來說，在日本消費無論物價或人事費用，都相對低廉。因此，他們理所當然地大手筆揮霍金錢。

原本，港崎的遊女厭惡與異人發生肌膚之親，一段時間之後，她們也逐漸習慣並歡迎他們的光臨。在當時的港崎，異人就是妓樓的貴客。

不過岩龜樓仍有一位遊女喜遊，即使樓主強迫她接待美國客人，她仍不願與外國人發生肌膚之親。

大和女郎花厭惡朝露，風雨中袖不沾溼

最終，她留下辭世一首，以懷劍割破喉嚨自殺了。

即便是遊女，也要守護大和撫子的情操。在小說和戲劇當中，類似的悲傷故事相當知名，然而這些故事皆屬虛構，並非史實。因為岩龜樓之中，並無一位名喚喜遊的遊女。

慶應二年（一八六六），港崎遊廓在開業七年後，因為一場橫濱大火（通稱：豚屋火災）而全數燒毀。

大火之後，港崎遊廓未能重建，遊廓就此移往他處，轉瞬即逝的榮景也就此落幕。

107——長崎地名

108——日本江戶時代因為鎖國政策，於十七世紀至十九世紀期間在長崎設立專門供中國人使用的居住區

# 引用／參考文獻

《花街漫録》日本随筆大成第一期第九巻。吉川弘文館
《骨董集》日本随筆大成第一期第十五巻。吉川弘文館
《近世奇跡考》日本随筆大成第二期第六巻。吉川弘文館
《梅翁随筆》日本随筆大成第二期第十一巻。吉川弘文館
《後は昔物語》日本随筆大成第三期第十二巻。吉川弘文館
《墨水消夏録・蛛の糸巻》燕石十種第二巻。中央公論社
《俗耳鼓吹》燕石十種第三巻。中央公論社
《吉原雑話》燕石十種第五巻。中央公論社
《式亭雑記》続燕石十種第一巻。中央公論社
《山東京伝一代記》続燕石十種第二巻。中央公論社
《色道大鏡》続燕石十種第三巻。中央公論社
《天明紀聞　政紀聞》未刊随筆百種第二巻。中央公論社
《文化祕筆》未刊随筆百種第四巻。中央公論社
《江戸自慢・御町中御法度御穿鑿遊女諸事出入書留》未刊随筆百種第八巻。中央公論社
《新吉原細見記考》鼠璞十種上巻。中央公論社
《諸国廻歴日録》随筆百花苑第十三巻。中央公論社
《おさめかまいじょう》。太平書屋
《祕伝書》江戸遊女評判記集。天理大學出版部
《街談文々集要》近世庶民生活史料。三一書房

《藤岡屋日記第三・四巻》近世庶民生活史料。三一書房
《譚海》日本庶民生活史料集成第八巻。三一書房
《東武日記》日本都市生活史料集成二。學習研究社
《世事見聞録》岩波文庫。岩波書店
《元禄世間咄風聞集》岩波文庫。岩波書店
《吉原徒然草》岩波文庫。岩波書店
《難波鉦》岩波文庫。岩波書店
《西遊草》岩波文庫。岩波書店
《幕末明治女百話》岩波文庫。岩波書店
《形影夜話 洋學上》日本思想大系64。岩波書店
《里のをだ巻評 風来山人集》日本古典文學大系55。岩波書店
《吾妻曲狂歌文集 川柳狂歌集》日本古典文學大系57。岩波書店
《傾城禁短気 浮世草子集》日本古典文學大系91。岩波書店
《折たく柴の記》日本古典文學大系95。岩波書店
《ひとりね 近世隨想集》日本古典文學大系96。岩波書店
《好色二代男》新日本古典文學大系76。岩波書店
《けいせい色三味線》新日本古典文學大系78。岩波書店
《古今吉原大全》洒落本大成第四巻。中央公論社
《契国策・郭中掃除雑編》洒落本大成第七巻。中央公論社
《総籬・青楼五雁金・夜半の茶漬》洒落本大成第十四巻。中央公論社
《中洲の花美・傾城買四十八手》洒落本大成第十五巻。中央公論社

《娼妓絹粍・錦之裏・取組手鑑》洒落本大成第十六巻。中央公論社
《傾城買二筋道》洒落本大成第十七巻。中央公論社
《部屋三味線・契情実之巻》洒落本大成第十九巻。中央公論社
《色講釈・廓之桜》洒落本大成第二十巻。中央公論社
《狐竇這入》洒落本大成第二十一巻。中央公論社
《四季の花》洒落本大成第二十五巻。中央公論社
《後編吉原談語・遊子娯言》洒落本大成第二十六巻。中央公論社
《青楼曙草》洒落本大成第二十七巻。中央公論社
《遊女案文》洒落本大成補巻。中央公論社
《好色一代男 井原西鶴集一》日本古典文學全集。小學館
《三人吉三廓初買》新潮日本古典集成。新潮社
《仮名文章娘節用・娘太平記操早引》人情本代表作集。國民圖書
《郭の花笠》人情本刊行会春色恋白波。古典文庫
《喜能会之故真通》江戸名作豔本五。學研
《春情妓談水揚帳》江戸名作豔本七。學研
《全国遊廓案内》日本遊覽社
《ソープランドでボーイをしていました》玉井次郎著。彩圖社
《吉原花魁日記（光明に芽ぐむ日）》森光子著。朝日文庫。朝日新聞出版
《圖説吉原事典》永井義男著。朝日文庫。朝日新聞出版
《下級武士の日記でみる江戸の「性」と「食」》永井義男著。河出書房新社

# 吉原花街裏圖解：

## 花魁、遊女、極樂夜，江戶遊廓風流史

作　者　永井義男
譯　者　吳亭儀
責任編輯　陳姿穎
內頁設計　姚麗姿
封面設計　任宥騰

行銷企畫　辛政遠、楊惠潔
總 編 輯　姚蜀芸
副 社 長　黃錫鉉
總 經 理　吳濱伶
發 行 人　何飛鵬

出　版　創意市集
發　行　英屬蓋曼群島商家庭傳媒股份有限公司
城邦分公司
歡迎光臨城邦讀書花園
網址：www.cite.com.tw

香港發行所　城邦（香港）出版集團有限公司
香港灣仔駱克道 193 號東超商業中心 1 樓
電話：(852) 25086231
傳真：(852) 25789337
E-mail：hkcite@biznetvigator.com

馬新發行所　馬新發行所　城邦（馬新）出版集團
Cite (M) SdnBhd 41, JalanRadinAnum,
Bandar Baru Sri Petaling, 57000 Kuala
Lumpur,Malaysia.
電話：(603) 90578822
傳真：(603) 90576622
E-mail：cite@cite.com.my

展售門市　台北市民生東路二段 141 號 7 樓
製版印刷　凱林彩印股份有限公司
初版一刷　2022 年 1 月
I S B N　978-986-0769-21-0( 平裝 )
定　價　420 元



客戶服務中心
地址：10483 台北市中山區民生東路二段 141 號 2F
服務電話：（02）2500-7718、（02）2500-7719
服務時間：週一至週五 9：30 ～ 18：00
24 小時傳真專線：（02）2500-1990 ～ 3
E-mail：service@readingclub.com.tw

吉原の舞台裏のウラ─遊女たちの私生活は実は○○だった？


國家圖書館出版品預行編目資料

吉原花街裏圖解：花魁、遊女、極樂夜，江戶遊廓風流史 / 永井義男著；吳亭儀譯 . -- 初版 . -- 臺北市：創意市集出版：英屬蓋曼群島商家庭傳媒股份有限公司城邦分公司發行 , 2022.1
面；　公分

ISBN　978-986-0769-21-0( 平裝 )
1. 娼妓 2. 特種營業 3. 江戶時代 4. 日本

544.76931　　110011370